OLIVER JUNGMANN

SPIEL DEIN GOLF

Besseres Handicap auch ohne Driving Range

COPRESS
SPORT

4. DIE MENTALE SEITE 93

5. TRAININGSANLEITUNG 187

Zu diesem Buch

Im Alter von 17 Jahren fing ich mit dem Golfspiel an – ein Schnupperkurs im Urlaub hatte mir und meiner Familie so sehr gefallen, dass aus ambitionierten Tennisspielern binnen weniger Monate echte Golffans wurden. Ein gebrauchter Schlägersatz wurde gekauft, der Tennisschläger an den Nagel gehängt und im nächstgelegenen Golfclub die Erfahrungen des Schnupperkurses ausgebaut.

Der damalige Trainer, ein ehemaliger Tour-Spieler, hat es durch seine begeisternde Art in bemerkenswerter Weise verstanden, uns mit dem »Golf-Virus« zu infizieren.

Den ersten Erfolgen auf der Driving-Range folgten die noch etwas wackeligen Versuche auf dem Platz. Doch nach einigen Löchern, die wir gemeinsam mit dem Trainer spielten, erteilte er uns die Platzreife – die größte Hürde für normalsterbliche Golfer. Spätestens zu diesem Zeitpunkt war es um uns geschehen. Die Verbindung eines anspruchsvollen Sports mit einer traumhaft schönen Landschaft waren mehr als alle anderen Sportarten uns je zuvor gegeben hatten.

Seit dieser Zeit sind einige Jahre vergangen. Neue Trainer kamen, ein neuer Golfclub wurde gegründet, eine Golfmannschaft formiert, neue Trainingsmethoden mit anderen Trainern ausprobiert, eigene Erfahrungen gesammelt. Immer mehr stellte ich fest, dass die meisten Trainer, die sich mit Amateuren beschäftigten, sehr wohl über hohe berufliche Qualifikationen im Bereich der Schwungtechnik verfügen, es aber selten verstanden die einzelnen Trainingseinheiten in eine Gesamtkonzeption zu bringen beziehungsweise Golf als »Ganzes« zu lehren.

Viele Übungsstunden verliefen eher spontan – man entschied sich kurzfristig für eine Übung, um einen Aspekt zwar in der aktuellen Stunde zu vertiefen, ohne diesen aber in einen nachvollziehbaren Zusammenhang einzubinden. In der folgenden Stunde wurde dann häufig ein neuer Teilbereich herausgegriffen, der nicht notwendigerweise mit der vorangegangenen Einheit verknüpft war. Als Schüler hatte man den Eindruck, als würde das große Golflehrbuch aufgeschlagen und ein beliebiger Unterpunkt herausgesucht, ohne zu berücksichtigen in welchem Kapitel und welchem Zusammenhang man sich befand. Diese Art des Lernens ist leider sehr uneffektiv und nötigt dem Schüler ein hohes Maß an Geduld und Zeit ab.

Aus diesen Erfahrungen ist die Idee zu diesem Buch entstanden: es wird Ihnen helfen, Ihre eigene Trainingszeit effektiver zu gestalten, mehr Nutzen aus Trainerstunden zu ziehen und sich durch strategisches Verhalten vor, nach und während der Runde sicherer und erfolgreicher auf dem Golfplatz zu bewegen.

Oliver Jungmann
Nierstein, im Januar 2003

EINFÜHRUNG

Faszination Golf

Golf entwickelt sich in Deutschland immer mehr zum Breitensport. Was vor fünfzehn Jahren noch als eine elitäre, etwas verstaubte Freizeitbeschäftigung für ebensolche Herren galt, stellt sich heute als ernst zu nehmende Konkurrenz für andere beliebte Sportarten wie zum Beispiel Tennis dar.

Die Faszination, die von diesem traditionsreichen Sport ausgeht, ist leicht zu erklären: Jung und Alt, Mann und Frau, Topathlet und Durchschnittsmensch haben im Golf eine Möglichkeit entdeckt, sich in natürlicher Atmosphäre die Zeit zu vertreiben und sich in fairem, geschlechtsspezifische und körperliche Unterschiede eliminierendem Wettbewerb zu messen.

Auch die räumliche Qualität eines Golfplatzes wissen viele Anhänger dieses Sports zu schätzen. Kein Golfplatz gleicht dem anderen. Jeder Platz hat aufgrund seiner Einbettung in die jeweilige Landschaft einen ganz eigenen Charakter. Anders als beim Tennis verteilt sich das ganze Vereinsleben auf mehrere duzend Hektar – Golf ermöglicht jedem den Freiraum den er sucht. Der Einzelgänger kann bei Sonnenaufgang abschlagen, der Gruppenmensch wird sich zu einem zwanglosen Vierer am Samstagnachmittag verabreden.

Gerade diese großen Dimensionen sorgen aber auch für den technisch hohen Anspruch des Golfsports. Wo man auf dem Tennisplatz einen Ball mit einem sehr großen Schläger über eine kurze Distanz in das überschaubare gegnerische Feld spielt gilt es beim Golf eine größere Distanz mit einem längeren Schläger und einem kleineren Ball zu überbrücken.

Die Zielabweichung, die eine verkantete Schlagfläche bei einem Drive von 220 Meter Länge zur Folge hat, beträgt pro

Grad Verkantung etwa 4 Meter. Dabei ist nicht berücksichtigt, dass der Golfball so konstruiert ist, dass er im Zusammenwirken mit der Schlagfläche noch einen Drall annehmen kann, der die Zielabweichung zusätzlich verstärken kann.

Doch gemäß dem Motto: viel Feind, viel Ehr befriedigt eben diese Überwindung der hohen technischen Anforderungen und führt zur unheilbaren Infektion mit dem allseits bekannten Golfvirus.

Auf dem Weg zum Erfolg muss der ambitionierte Golfer aber noch mit weiteren Unwägbarkeiten fertig werden. Um im Beispiel zu bleiben: Tennis hat viel mit passivem Reagieren auf die Schläge des Gegners zu tun. Man muss sich beim Return auf den Aufschlag seines Gegners einstellen – dies lässt weniger Entscheidungsfreiheit und verlagert das Spiel eher auf eine Ebene des unterbewussten Ausführens zuvor erlernter Schläge.

Diese Einschränkung hat aber auch ihre Vorteile: Der Ball kommt übers Netz und es bleibt wenig Zeit zum Überlegen. Man muss sich zum Ball bewegen und retournieren.

Beim Golf ruht der Ball – dies ist der Hauptunterschied zu anderen Sportarten. Spontan könnte man sagen: »wunderbar, ich kann mich in aller Ruhe auf den Schlag vorbereiten, alle Alternativen prüfen und den Schlag ausführen« – sicherlich trifft dies zu, ist aber nur die halbe Wahrheit.

Gerade der Zeitraum zwischen Erreichen des Balles und dem Ausführen des Schlags eröffnet ein weites Feld von Unsicherheiten über den zu wählenden Schläger, den auszuführenden Schlag und schafft Raum für alle Formen von Selbstzweifeln und negativen Gedanken. Sie haben sicherlich auch schon Golfer beobachtet, die den Moment des Schlags durch nicht enden wollende Probeschwünge, wildes Gewackel und unzählige Blicke zur Fahne scheinbar bis ins Unendliche herauszuzögern versuchen. Schließlich wird dann nochmals der Schläger gewechselt und alles beginnt von vorn. Andere Spieler stehen dem Ball wie das Kaninchen der Schlange gegenüber – regungslos wird die gewünschte Ansprechposition eingenommen ohne dass etwas passiert.

Der ruhende Ball zwingt den Spieler dazu aus eigenem Entschluss den Schlag zu einem selbst gewählten Zeitpunkt auszuführen.

Eine der Hauptaufgaben dieses Buches soll es sein, Ihnen zu vermitteln, wie man diesen Zeitraum mit einer speziellen Schlagvorbereitung ausfüllt, einer Routine, die immer gleich abläuft und Selbstvertrauen gibt – doch dazu in einem späteren Kapitel mehr.

Auch die relativ lange Spielzeit von etwa 4 Stunden, erfordert Konzentration, Ausdauer und ständige Selbstmotivation. Zwar entscheidet nicht jeder Schlag über Leben und Tod, aber bereits durch eine kleine Unkonzentriertheit beim Abschlag kann man sich schnell in unangenehme Situationen bringen. Eben dieses Wissen, dass von jedem Schlag viel abhängt, wirkt auf viele Golfer, insbesondere beim ersten Abschlag, sehr erdrückend. Wie man diese Anspannung etwas abmildern und besser mit ihr umgehen kann wird in Kapitel vier behandelt.

Trotz umfangreichem Regelwerk, anspruchsvoller Technik und großem Zeitbedarf entstehen mehr und mehr Golfplätze und auch viele jüngere Spieler entdecken Golf als ihren Sport. Eine Sportart, die man alleine oder in Gesellschaft auf immer wechselnden Plätzen das ganze Leben ausüben kann ohne dass es je langweilig wird, denn den einen oder anderen Bereich des Spiels wird man immer noch verbessern können.

Ziel dieses Buchs

Im Verlauf der Jahre, in denen ich Golf spielte, Trainerstunden nahm und mich an Turnieren beteiligte, stellte ich fest, dass Golf mehr ist als eine stabile Technik und die Abfolge von guten und weniger guten Schlägen. Man braucht mehr, um sein Handicap kontinuierlich zu verbessern oder ein Turnier gewinnen zu können.

Seit meinen ersten Golferfahrungen habe ich bei einigen Trainern Unterricht genommen und muss leider feststellen, dass der gesamte Bereich außerhalb der reinen Schwungtechnik während des Trainings eher vernachlässigt wird.

Ziel dieses Buchs ist es, diese Lücke zu schließen und dem ambitionierten Golfer Tipps und Ratschläge zu geben, Golf etwas anders zu sehen, um so effektiver zu trainieren und schneller die gewünschten Erfolge zu realisieren. Ich erhebe hier nicht den Anspruch, das Rad neu zu erfinden – ganz im Gegenteil. Es sollen lediglich in kompakter Form Erfahrungen dargestellt werden, die viele Amateure im Lauf der Zeit auch selbst machen könn(t)en. Gelingt es aber die ein oder andere Erfahrung oder Einsicht auf diesem Weg schon früher in die eigene Entwicklung einzubauen, so kann die Freude, die Golf bereitet, nur vergrößert werden.

Begreifen Sie dieses Buch als Arbeitsbuch. Versuchen Sie, die einzelnen hier vorgetragenen Gedanken nachzuvollziehen und wenn sie plausibel erscheinen, auch in Ihr eigenes Spiel einzubauen. Beherzigen Sie dabei immer folgende Weisheit von Konfuzius:

Ich höre und ich vergesse, ich sehe und ich erinnere mich, ich mache und ich verstehe.

Werden Sie aktiv und probieren Sie alles aus, um festzustellen, was Sie in Ihrer golferischen Entwicklung nach vorne bringen wird.

Die Tatsache, dass die meisten Bücher zum Thema Golf von Autoren geschrieben wurden, die sich nahezu ausschließlich mit Golfprofessionals beschäftigt haben, führt zu einer Behandlung des Themas, die eine direkte Übernahme der behandelten Inhalte schwierig gestaltet.

Wahrscheinlich interessiert es Sie nur am Rande, warum Tiger Woods am letzten Loch eines großen Turniers ein Eisen eins und kein Holz drei verwendet hat, um das 240 Meter weit entfernte, von Bunkern geschützte Grün anzugreifen und den Rückstand von einem Schlag auf den Führenden durch einen Eagle doch noch aufzuholen. Da die wenigsten Amateure sich jemals in solch einer Situation befinden werden, ist der praktische Nutzen solcher Ausführungen sehr gering.

Die vorgeschlagenen Übungen, die behandelten Probleme und Fragestellungen dieser Bücher spielen sich auf einem Niveau ab, das von »Wochenend-Golfern« niemals erreicht wird. Die von mir behandelten Inhalte sind ausschließlich auf den Durchschnittsamateur zugeschnitten. Alle Übungen und Ratschläge sind leicht nachzuvollziehen und unmittelbar in den persönlichen Spiel- oder Übungsplan einzubauen. Mein Ziel ist es, dem interessierten Amateur zu helfen, sich gewisse Verhaltensmuster vor, während und nach der Runde anzueignen, die ihm mehr Spaß an Golf bringen sollen. Denn im Vergleich zu den Pro's spielen wir Golf ausschließlich zu unserem Vergnügen.

Welche Bestandteile hat Golf?

Nun, jedem wird hier zuerst eine solide **Schwungtechnik** einfallen, die es dem Spieler ermöglicht, den Ball in der gewünschten Art zu schlagen. Dies muss nicht bedeuten, dass man jeden Ball in das zuvor ausgewählte Ziel spielen kann. Vielmehr wird sich insbesondere bei Anfängern eine große Lücke zwischen anvisiertem Ziel und dem tatsächlich erreichten Ergebnis auftun. Deshalb ist es wichtig, sich realistische, erreichbare Ziele zu setzen. Für einen Handicap-36-Spieler bedeutet dies etwa, den Ball vom Tee zu bekommen, ohne daß man im Hintergrund seine Mitspieler »Prost« sagen hört.

Bei Handicap zwölf sind die Ansprüche schon etwas höher: Man möchte beispielsweise in der Lage sein, mit einem Eisen acht aus etwa 120 Meter Entfernung in der Mehrzahl der Fälle das Grün zu treffen.

Die Schwungtechnik und damit die rein technischen Fertigkeiten eines Golfers befinden sich in ständiger Entwicklung Man lernt durch Spielpraxis, Trainerstunden und Ausprobieren immer wieder dazu.

Doch ist dies Alles? Anscheinend nicht, denn wer kennt nicht die »Trainingsweltmeister«, denen auf der Range jeder Schlag gelingt, aber sobald die Runde begonnen hat, werden selbst einfachste Schläge zu fast unüberwindbaren Hindernissen. Ergebnisse kommen zustande, die selbst weniger talentierte und weniger fleißige Spieler leicht unterbieten können. Ein gutes Beispiel für den Unterschied zwischen dem aktuellen technischen Spielvermögen des Spielers und seinem tatsächlich erreichten Ergebnis sind die jährlich ausgetragenen Clubmeisterschaften – eines der wenigen Club-Turniere, welches als Zählspiel und über mehrere Runden ausgetragen wird. Nachdem es in meinem Heimatclub üblich wurde, die gespielten Ergebnisse auf einem Scorebord zu veröffentlichen, sank die Zahl der Teilnehmer bei den Clubmeisterschaften rapide. Viele, durchaus gute Spieler mit Handicaps unter 14 konnten es nicht verkraften über mehrere Tage für jedermann sichtbar mit einer 110 auf dem Scoreboard vertreten zu sein. In den Folgejahren hat sich die liebe Gewohnheit entwickelt gerade während der Clubmeisterschaften den wohlverdienten Jahresurlaub zu nehmen.

Ist es gerecht, dass man seine eigentliche Spielstärke nicht immer unter Beweis stellen kann?

Sicherlich nicht, aber 10 Prozent mehr Trainingseinsatz garantiert noch nicht ein um 10 Prozent besseres Spiel. Erfolge auf der Range und dem Übungsgrün sind etwas schönes und zugleich motivierendes – aber man möchte doch auf dem Platz, möglichst noch bei einem Turnier für seinen Trainingsfleiß belohnt werden.

Die Tatsache, dass es nicht bei jedem Golfer einen unmittelbaren Zusammenhang zwischen Trainingsleistung und Turnier- oder Platzleistung gibt, deutet darauf hin, dass es neben der reinen Schwungtechnik noch weitere Einflussfaktoren auf das persönliche Spiel geben muss. Wie ist dies zu erklären?

Jeder Mensch wird unterschiedlich gut mit Wettkampf- oder Stresssituationen fertig. Es gibt den oben genannten Trainingsweltmeister, der nur außerhalb von Wettkämpfen oder ernsthaften Runden sein Können zu zeigen vermag. Sobald es für ihn um etwas mehr geht, lassen seine Leistungen nach, oft proportional zur Bedeutung die er der jeweiligen Runde beimisst.

Andere Spieler werden gerade durch hohe Anforderungen bei wichtigen Runden oder Turnieren angespornt und sind dann besonders leistungsstark, obwohl sie nicht zu den regelmäßigsten Besuchern der Driving-Range gehören.

Der Durchschnittsgolfer wird sich zwischen diesen beiden Extremen ansiedeln und wahrscheinlich mit zunehmender Bedeutung der Runde eine wachsende Anspannung verspüren und eventuell bei einem großen Turnier nervlich versagen (dies ist eine weitere Erklärung, warum bei Clubmeisterschaften neben besonders geringer Beteiligung oft sehr hohe Ergebnisse zu verzeichnen sind).

Neben den rein technischen Fertigkeiten ist es also von entscheidender Bedeutung, in wie weit man in der Lage ist, diese motorischen Vorgänge unter Anspannung umzusetzen und dies auch noch über die volle Distanz von 18 Löchern. Die **mentale Stärke** – also die Fähigkeit, sich zu konzentrieren, sein Leistungspotenzial immer im richtigen Moment abzurufen, hat teilweise stärkeren Einfluss auf den Score als die reine Schwungtechnik.

Es gibt aber noch ein drittes Element, das unmittelbaren Einfluss auf unser Spielergebnis hat: **bewusstes, strategisches Handeln.**

Spieler A und Spieler B treten gegeneinander an. Beide spielen auf technisch gleichem Niveau und sind auch auf mentaler Ebene durchaus als gleichwertig zu betrachten. Spieler A hat aber einige Tage vor dem Wettkampf aufgrund des zu erwartenden stürmischen Wetters flache Schläge geübt und am Wettkampftag seine Drives so platziert, dass er das Grün aus einem für den Wind günstigen Winkel anspielen kann. Spieler B hingegen versucht so wie immer zu spielen und wundert sich daß seine Bälle öfter als sonst das Grün verfehlen und seine Drives im Rough landen. Überflüssig zu erwähnen, dass Spieler A das Match gewinnt. Zu verdanken hat er diesen Erfolg seiner strategische guten Planung und Durchführung des Spiels.

Ergebnis: Golf besteht aus drei Bereichen

Die persönliche Spielstärke resultiert aus der **Kombination** der persönlichen Ausprägung in diesen drei Bereichen. Oft sind Handicapverbesserungen nur möglich wenn neben der Schwungtechnik auch an einem der anderen Bereiche gearbeitet wird. Des weiteren bestehen auch **Wechselwirkungen** zwischen den einzelnen Bereichen: Eine bessere Technik gibt mehr Selbstvertrauen, man fühlt sich sicherer. Eine gute Strategie kann dazu führen, dass ein schlechter Bunkerspieler seine Schläge so platziert, dass er die Bunker weitestgehend aus dem Spiel nimmt.

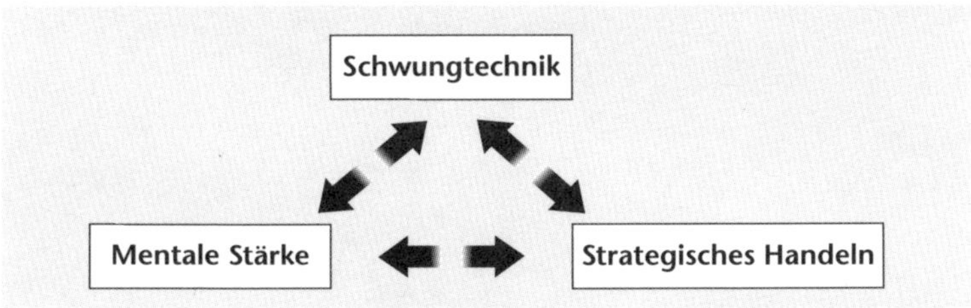

Es wäre wahrscheinlich übertrieben zu sagen, dass diese drei Bereiche perfekte Substitute sind – denn nur das Wissen wohin man den Ball am besten schlägt und die mentale Stärke dies auch tun zu können helfen wenig, wenn die technischen Möglichkeiten fehlen – aber Spieler mit sehr unterschiedlichen Fähigkeiten in diesen drei Bereichen können trotzdem gleich gute Ergebnisse erzielen. Es führen bekanntlich viele Wege nach Rom.

Die oben genannten Beispiele sollen verdeutlichen, dass es mittel- bis langfristig wenig Sinn macht, sein Training auf den rein technischen Aspekt zu beschränken. Hat die Schwungtechnik ein recht hohes Niveau erreicht, sind weitere Verbesserungen nur noch graduell möglich. Fortschritte in den noch brach liegenden mentalen und strategischen Bereichen sind zu diesem Zeitpunkt leichter zu erzielen und ermöglichen Ergebnisverbesserungen bei konstanter Schwungtechnik. Da Ihr Score ein Ergebnis des Zusammenspiels aller Bereiche ist sollten Sie keine Komponente vernachlässigen. Sie berauben sich sonst selbst Ihrer Chancen, das Beste aus Ihren Fähigkeiten zu machen.

Das 120° Diagramm

Zur Verdeutlichung des Zusammenspiels der Schwungtechnik, des strategischen Verhaltens und der mentale Stärke sind diese Elemente des Golfspiels im folgenden Diagramm grafisch angeordnet:

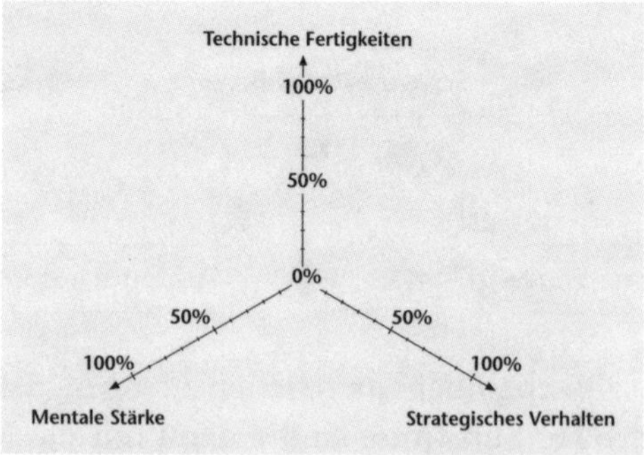

Trägt man auf den Achsen die persönlichen Fähigkeiten des Spielers ab und verbindet diese Punkte miteinander, ergeben sich Dreiecke anhand derer man die jeweilige Spielerpersönlichkeit charakterisieren kann. Hier einige Beispiele:

Mister Perfect:

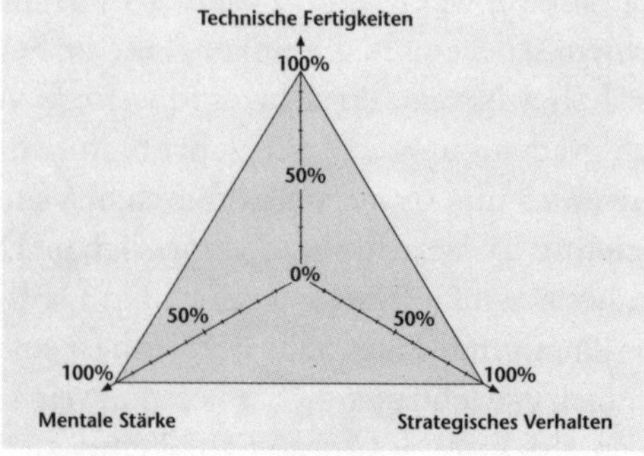

100% in allen drei Kategorien unschlagbar auf jedem Platz bei jedem Turnier – nur leider (oder zum Glück) noch nicht geboren. Rundenergebnisse von 60Schlägen sind normal.

Der Trainingsweltmeister:

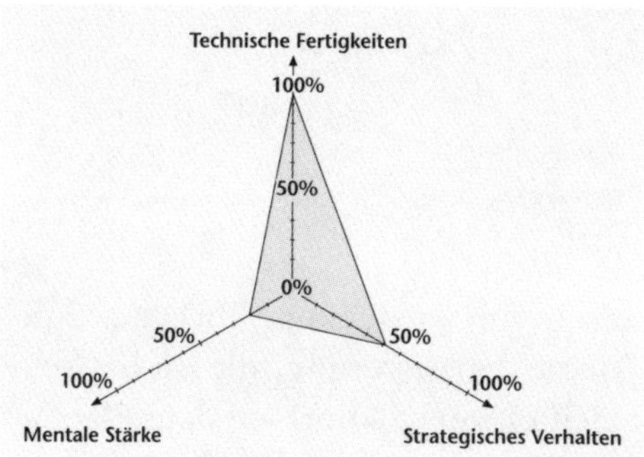

Aufgrund zahlloser Stunden auf der Range verfügt dieser Spielertyp über eine hoch entwickelte Technik, ist aber aufgrund mangelnder Spielpraxis und geringer mentaler Stärke kein sehr kompletter Golfer. Er hat Probleme, seine Erfolge auf der Range auch auf dem Platz umzusetzen. Seine Probeschwünge sehen immer elegant und locker aus – schlägt er aber den Ball wirkt alles verkrampft und eckig. Es gelingt ihm nur selten seine Trainingsfortschritte auch auf dem Platz umzusetzen.

Der Wettkämpfer:

Training findet er langweilig – ihm fehlt hier die Herausforderung und das Kräftemessen der Turnierrunde. Auch bei Privatrunden ist er es, der seine Partner zu einem Spieleinsatz überredet, nur um die Sache interessanter zu machen. Willigen Sie ein, haben Sie schon verloren. Infolge seiner Trainingsfaulheit ist er technisch kein sehr ausgereifter Spieler, dafür aber ein großer Kämpfer. Er gibt nie auf und wurde aufgrund seines enormen Selbstvertrauens schon Clubmeister. Seine

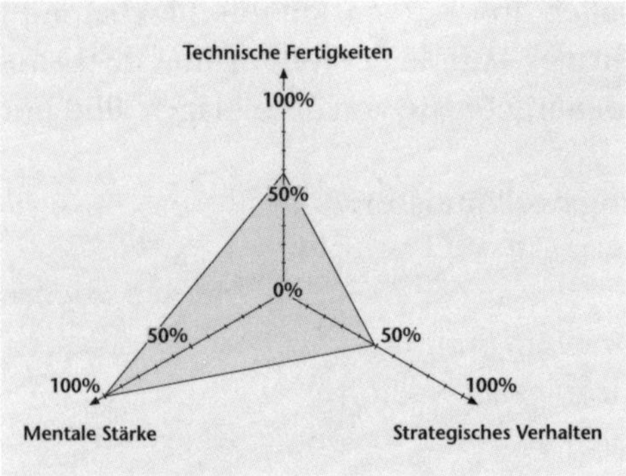

Einstellung macht ihn zu einem gefährlicher Spieler, denn jede noch so kleine Verbesserung, die er bei seinen seltenen Übungen erreicht, kann er sofort auf dem Platz umsetzen.

Der Stratege:

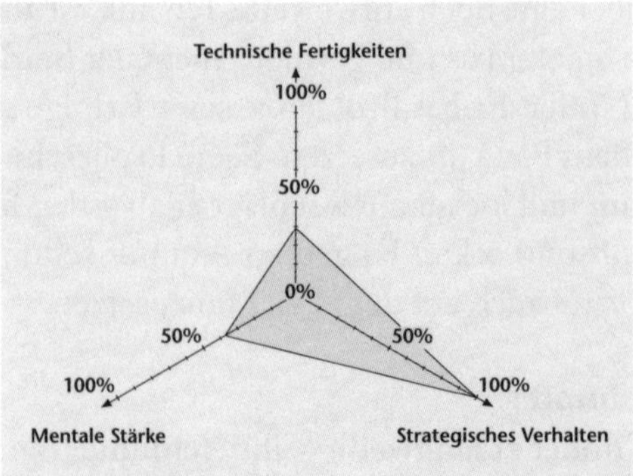

Auch dieser Spielertyp ist kein häufiger Gast auf der Driving-Range, aber aufgrund seiner strategischen Kenntnisse bringt er sich selten in unangenehme Situationen. Er weiß, von wo aus man das Grün am besten anspielen kann, wie die Putts laufen und wie man sich auf ein Turnier vorbereitet. Er ist genauestens über sein Stärken- und Schwächenprofil im Bilde und kann sich somit immer für die unter den gegebenen Umständen beste Alternative entscheiden. Er verliert selten einen Ball und hat schon so manchen Preis gewonnen.

Es handelt sich bei den unterschiedlichen Spielertypen um eine sehr vereinfachte Darstellung theoretischer Natur. Zum einen lassen sich weder die angenommen Prozentzahlen bei Technik, Strategie und mentaler Stärke exakt ermitteln, noch sind diese Größen bei jedem einzelnen Golfer statisch. Sie hängen von vielen Umweltfaktoren und der persönlichen Tagesform ab, lassen sich aber durch gezieltes Training steigern.

Im folgenden Leerdiagramm können sie Ihr eigenes Spielerportrait erstellen. Versuchen Sie, sich realistisch in jedem Bereich einzuschätzen. Dabei kommt es weniger auf die genauen Prozentzahlen, sondern mehr auf den qualitativen Vergleich zwischen Technik, Strategie und mentaler Stärke an.

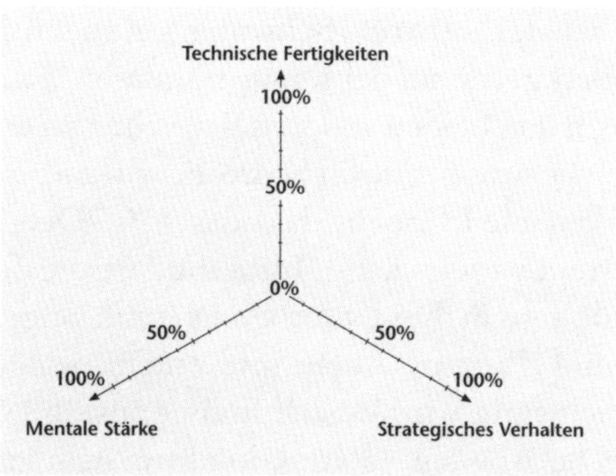

Nehmen Sie 50 Prozent als einen durchschnittlichen Wert für einen Amateur mittlerer Spielstärke und entscheiden Sie dann, um wie viel Sie sich persönlich besser oder schlechter einschätzen als der Durchschnitt. Verbinden Sie die drei Punkte miteinander und schraffieren die so entstandene Fläche leicht. (Zur Kontrolle können Sie Ihre regelmäßigen Spielpartner bitten, für Sie ein Diagramm auszufüllen. Dies kann helfen, Fehleinschätzungen zu vermeiden – muss aber nicht sein, denn die einzige Person auf die es ankommt sind Sie und Sie kennen sich schließlich selbst am besten!).

Im Normalfall wird die dreieckige Fläche nicht sehr gleichmäßig sein. Und genau hier können Sie Ihre brachliegenden Potenziale erkennen. Je unterentwickelter ein Schenkel des Dreiecks ist, desto sinnvoller ist es, in diesem Bereich seine Trainingszeit zu investieren. Arbeiten Sie daran den Flächeninhalt Ihres persönlichen Dreiecks zu vergrößern und halten Sie sich immer vor Augen, dass Erfolge in schwächer entwickelten Bereichen oft schneller zu erzielen sind.

Aber auch ein gleichmäßiges Dreieck muss nicht unbedingt Ihr Ziel sein. Ebenso können Sie sich mit Ihrem Stand der Technik zufrieden geben, etwa dann, wenn Sie den zu Ihnen passenden, wiederholbaren Schwung gefunden haben oder nicht besonders gerne auf der Range trainieren. Schaffen Sie es, Fortschritte in den beiden anderen Bereichen zu erzielen, wird sich das auch positiv auf Ihren Score auswirken.

Anzumerken bleibt noch, dass das 120°-Diagramm noch weiter unterteilt werden kann. Insbesondere die Technik spaltet sich mindestens in drei Unterbereiche auf: langes Spiel, kurzes Spiel und Putten. Auch mit einem wiederholbaren, passenden Schwung wird es sich immer auszahlen an seinem kurzen Spiel zu arbeiten – Perfektion kann man in diesem Bereich nie erlangen.

In den folgenden Kapiteln soll auf die einzelnen Teilbereiche ausführlicher eingegangen werden, und es werden Ihnen Wege aufgezeigt, die Sie bei dem Bestreben, ein kompletterer Spieler zu werden unterstützen sollen.

Was Sie bis jetzt gelernt haben:
Golf ist mehr als reine Schwungtechnik.

- Strategie und mentale Stärke spielen wichtigen Rollen.
- Schwächen in dem einen Bereich lassen sich durch Stärken im anderen Bereich (bis zu einem gewissen Grad) ausgleichen.

Was Sie an dieser Stelle ausprobieren sollten:

- Füllen Sie das 120°-Diagramm aus und überdenken Sie Ihre Stärken und Schwächen.
- Denken Sie über Ihre regelmäßigen Mitspieler nach – was unterscheidet Sie von Ihnen?
- Welche Entwicklung streben Sie für die Zukunft an?
- Zeichnen Sie ein Ihrem Zielbild entsprechendes Dreieck in das Diagramm und markieren Sie die Bereiche, in denen das neue Dreieck das alte überlappt rot. Verdeutlichen Sie sich so die vor Ihnen liegenden Aufgaben

Ausblick

Die folgenden drei Kapitel beschäftigen sich mit dem Golfschwung, der Strategie und dem mentalen Bereich. Die Notwendigkeit einer soliden Schwungtechnik ist auf allen deutschen Plätzen anerkannt. Golftrainer, das Gros der Golfbücher und die regelmäßig erscheinenden Zeitschriften beschäftigen sich ständig mit diesem Thema. Strategische Überlegungen werden bereits wesentlich seltener in Trainerstunden, Büchern oder Zeitschriften behandelt. Viele Golfer setzen hier auf Ihre eigenen Erfahrungen, die sie im Laufe der Jahre machen. Regelmäßiges Spielen auf verschiedenen Plätzen, nach Möglichkeit mit guten und sehr guten Spielern sind äußerst hilfreich zum Aufbau einer eigenen Golfstrategie. Die in Kapitel drei dargestellten Überlegungen zum Thema Strategie sollen Sie dabei unterstützen, auch ohne fremde Hilfe und in wesentlich kürzerer Zeit eine für Sie geeignete Strategie zu finden.

Der gesamte mentale Bereich stößt in Deutschland noch auf eine unberechtigte Zurückhaltung. Im vierten und umfangreichsten Kapitel möchte ich Ihnen darlegen, welchen Einfluss Ihre Gedanken auf Ihr persönliches Spiel haben. Was Sie wann denken hat mindestens genauso viel Einfluss auf Ihren Score, wie Ihre Schwungtechnik. Ohne Selbstvertrauen und Glaube an die eigenen Fähigkeiten wird es Ihnen schwer fallen, gute Ergebnisse zu spielen und vor allem Freude am Spiel zu haben.

Den verschiedenen Kapiteln sind Übungen beigefügt, die es Ihnen erleichtern sollen, das Gelesene zu verstehen und auch umzusetzen. Im Kapitel Trainingsanleitung sind zentrale Übungen nochmals in ausführlicher Form dargestellt.

Das vorliegende Buch ist kein Lesebuch. Sie sollten es daher nicht von Anfang bis Ende lesen, ohne sich selbst die Zeit zu geben, über das Gelesene nachzudenken, es auszuprobieren und eventuell mit ihren Spielpartnern oder ihrem Trainer zu besprechen.

Lassen Sie sich Zeit, alles was Ihnen interessant erscheint auszuprobieren, überspringen Sie Bereiche, die Ihnen zurzeit unwichtig erscheinen und kehren Sie später zu ihnen zurück.

DIE SCHWUNGTECHNIK

Der Stellenwert der Technik

Welchen Stellenwert sollte der ambitionierte Golfamateur der Schwungtechnik bzw. dem Techniktraining einräumen? Betrachtet man die Entwicklung im Bereich der Trainerstunden für Amateure in den letzten zehn Jahren, könnte man zu dem Ergebnis kommen, dass Schwung- und Schlagtechnik die dominierenden Größen im Golf sind.

Viele Trainerstunden haben anscheinend nur das einzige Ziel den Golfschwung des entsprechenden Spielers in all seine technischen Einzelteile zu zerlegen und jeden Bereich einzeln und möglichst ausführlich zu behandeln. Videokameras mit Superzeitlupe und zahllose, teilweise völlig überflüssige Trainingshilfsmittel prägen das Bild im Trainingsalltag.

Ein Schüler, der sich vertrauensvoll an seinen Golflehrer wendet wird ihm auf diesen technisierten Weg – vielleicht blind – folgen.

Eine gute Technik als Voraussetzung für einen guten Score ist wichtig, aber bei weitem nicht alles. Daher liegt die Vermutung nahe, dass das auf deutschen Driving-Ranges praktizierte Training zu sehr auf technische Schwungdetails ausgerichtet ist. Betrachtet man die Vielzahl unterschiedlicher Spielertypen, die es in jedem Golfklub gibt, muss man sich fragen, ob eine vereinheitlichte Trainingsmethode den Bedürfnissen der unterschiedlichen Schüler gerecht werden kann.

Versucht man Golfschüler in Gruppen aufzuteilen so können folgende Kriterien zu Klassifizierung herangezogen werden:

Alter: 5-15, 16-30, 31-45, 46-55, ab 56
Golf-/Trainingserfahrung: keine, mittel, viel

Trainingsfleiß: gering, hoch
Motorische Lernfähigkeit: gering, normal, hoch

Dieser Liste lassen sich noch viele Merkmale mit ihren jeweiligen Ausprägungen hinzufügen. Allein die Kombination der obengenannten vier Merkmale mit 13 Ausprägungen führt zu 90 verschiedenen Kombinationen. Trotz dieser hohen Zahl an Spielertypen versuchen einige Trainer, ihre Schüler doch in das gewohnte Trainingskonzept zu zwängen, ohne auf die zuvor genannten Unterschiede besondere Rücksicht zu nehmen. Dies lässt sich auch mit dem Qualifikationsprofil eines Golflehrers in Deutschland begründen: Schwungtechnische Details nehmen den Hauptteil der Ausbildung in Anspruch. Platzstrategische oder gar mentale Schulungen und Überlegungen bilden (immer noch) die Ausnahme. Aufgrund dieser einseitigen Vorbildung der Trainer muss das Angebot zwangsläufig sehr techniklastig sein. Die Schulung im Bereich der reinen Schwungtechnik lässt sich auch leichter, weil ortsgebunden, durchführen. Eine strategische Schulung würde das Arbeiten mit Beispielen in einem Seminarraum oder direkt auf dem Platz voraussetzen. Die Verbesserung der mentalen Qualitäten des Schülers setzt viel Ehrgeiz und Engagement seitens des Trainers voraus, denn die mentale Seite des Spiels kennt ebenso viele Facetten, wie es Golfer gibt.

Zur Ehrenrettung der Golftrainer sei aber gesagt, dass auch die Bereitschaft der Schüler, Trainerstunden auf dem Platz oder gar in einem Seminarraum mit Gesprächen zu »verschwenden« sehr gering ist und dass letztendlich die Vermittlung der reinen Schwungtechnik auch das Hauptziel ihrer Arbeit darstellt.

An diesem Punkt gilt es aber trotzdem anzusetzen – eine stärkere Akzeptanz von nicht-technischen Trainingsinhalten (ob mit oder ohne Trainer) muss etabliert werden, wenn sich der Durchschnittsgolfer verbessern soll.

Bis es soweit ist, muss man allerdings fragen: Wer eignet sich für ein sehr stark technisch ausgerichtetes Training?

Jeder Trainer, der es bei einem jungen, trainingsfleißigen Spieler mit guter Körperbeherrschung versäumt, mittels eines langfristig angelegten, technisch ausgerichteten Trainings eine hervorragende Schwungtechnik zu etablieren, begeht ein Verbrechen.

Leider hat nicht jeder die Chance, bereits in jungen Jahren mit dem Golfsport zu beginnen. Nehmen wir an, ein Schüler, 55 Jahre alt, ohne Golferfahrung, mit Bewegungstalent und geringem Trainingsfleiß kommt auf die Driving-Range und trifft auf einen Trainer, der es sich zum Ziel gemacht hat, jedem seiner Schüler einen makellosen Golfschwung beizubringen.

Die gute Körperbeherrschung und die Tatsache, dass der betreffende Schüler noch keine Trainingserfahrung, also keine schlechten Schwunggewohnheiten hat, rechtfertigen den Ehrgeiz des Trainers, ausgiebig an dessen Technik zu arbeiten. Der geringe Trainingsfleiß und das Alter des Schülers sprechen eher dagegen. Nicht, dass man mit 50 Jahren keine sehr gute Technik mehr erlangen könnte, aber dies geht nur mit Fleiß und einem relativ hohen zeitlichen Aufwand.

Der hier beschriebene Anfänger, wird wahrscheinlich Golf als Ausgleich betreiben wollen. Er sucht Erholung, Spaß und Bewegung. Vielleicht hat er auch Freude am Clubleben und genießt es, einen schönen Tag mit Freunden in netter Atmosphäre zu verbringen. Dies soll nicht bedeuten, dass er nicht auch ehrgeizig ist und gute Ergebnisse erzielen will. Genau hier kommen wir an einen interessanten Punkt: Golftraining muss effektiv sein und mit steigendem Alter des Schülers auch zunehmend kurzfristige Erfolge ermöglichen. Ein auf Jahre angelegter mühsamer Aufbau eines perfekten Golfschwungs wir wohl eher dazu führen, dass der betrachtete Spieler die Lust am Golf verliert und sich einer anderen Beschäftigung zuwendet.

Da jeder Spieler ein anderes Potenzial mitbringt und andere zeitlichen Vorgaben hat (Alter, zur Verfügung stehende Trainingszeit, etc.) muss für jeden Schüler ein individueller Weg gefunden werden, das Beste aus seinen Möglichkeiten zu machen. Ein einheitliches Trainingskonzept wird hier wenig effektiv sein. Leider ist zu beobachten, dass die Bereitschaft der Trainer, sich auf ihre Schüler einzustellen, oft sehr gering ist. Ebenso trifft man eher selten Trainer, die sich die Mühe machen, für jeden Schüler ein Datenblatt mit wichtigen Informationen für einen zielorientierten und kontinuierlichen Unterricht anzulegen. Aus diesem Grund müssen Sie sich vor der Entscheidung für einen Trainer oder Trainerstunden über Ihre persönlichen Ziele und Ihre persönlichen Voraussetzungen im Klaren sein.

Wenn Sie sich im Golf verbessern wollen, sollte jedes Training folgendem Leitsatz gerecht werden:
Die vorhandene Trainingszeit so nutzen, dass sie mein persönliches Potenzial optimal aktiviert, mir hilft, mich in allen spielrelevanten Bereichen weiterzuentwickeln und mir die Freude am Spiel bewahrt.

Der zeitliche Aspekt ist besonders bei Amateuren nicht zu unterschätzen. Die Zeit, die man für das Training verwenden kann ist in der Regel nicht besonders groß. Trotzdem sollte man immer darauf achten, nicht alles auf kurzfristige Erfolge zu setzen. Golf kann man bis ins hohe Alter spielen – die ein oder andere zeitintensivere Trainingseinheit wird sich erst später bezahlt machen, aber langfristig doch lohnender sein, als eine ausschließliche Ausrichtung auf unmittelbare Erfolge. Die Suche vieler Spieler nach dem Stein der Weisen, der wenn er erst einmal gefunden ist, den sofortigen und dauerhaften Erfolg garantieren wird, muss leider erfolglos bleiben. Nicht jede Übungseinheit wird von Fortschritten gekrönt sein und nicht jede Schwungänderung führt zu dauerhaftem Erfolg. Dies mag ungerecht erscheinen – aber gerade diese Unvorhersehbarkeit des Spiels macht es doch so interessant.

Fragen Sie sich selbst, welches Par Sie lieber spielen würden: Drive Mitte Fairway, Eisen fünf zur Fahne zwei Putts aus acht Meter oder Drive ins Semi-Rough, Eisen vier in den rechten Bunker, hervorragender Bunkerschlag, Putt aus 2 Meter gelocht.

Das zweite, etwas abenteuerliche Par wäre mir lieber, beschreibt es doch recht genau, worauf es beim Golf ankommt: den Versuch zu unternehmen, die unvorhersehbar eintretenden Situationen zu meistern und sich von Rückschlägen nicht entmutigen zu lassen. Es ist daher wichtig die Herausforderung des Sports anzunehmen und den Willen zu haben, sich stets realistisch einzuschätzen und an seiner Weiterentwicklung zu arbeiten.

Sind Sie an einer kontinuierlichen Verbesserung Ihrer technischen Fertigkeiten interessiert, sollten Sie, wenn dies nicht schon in Verbindung mit Ihrem Trainer geschehen ist, Ihr Training aktiv gestalten und eine Art Trainingsplan mit verschiedenen Trainingschwerpunkten aufstellen.

Was Sie bis jetzt gelernt haben:

- Eine erfolgreiche Golftechnik ist sehr individuell.
- Allgemeingültige Schwungkonzepte kann es nur im Bereich der fundamentalen Schwungtechnik geben.
- Jeder Spieler muss daher seinen eigenen Schwung finden
- Ihr Trainer sollte Sie daher als Golfpersönlichkeit anerkennen und fördern.

Was Sie an dieser Stelle ausprobieren sollten:

- Beobachten Sie sehr gute Spieler in Ihrem Club oder im Fernsehen und erkennen Sie bewusst die Unterschiedlichkeit der Schwünge.
- Erkennen Sie bei diesen Spielern Schwungdetails, die Sie oder Ihr Trainer für verbesserungsfähig halten würden?

Trainingsaufteilung

Welchen Schlagtypen kommt beim Setzen von Trainingsschwerpunkten welche Bedeutung zu?

Langes Spiel

Die für das lange Spiel verwendete Trainingszeit sollte auf das Erlernen eines Schwungs verwendet werden, der ausschließlich folgendem Zweck dient:

den Ball mit einer akzeptablen Länge und einer gleichmäßigen, beliebigen Flugbahn in das zuvor anvisierte Ziel schlagen.

Weder eine übermäßige Schlaglänge, noch eine besondere Flugbahn sind zum Erreichen dieses Ziels erforderlich. Ob Sie den Ball in einer Rechts-Linkskurve (draw) oder umgekehrt (fade) zur Fahne schlagen, sollte Sie nicht besonders interessieren. Zu viele Amateure verwenden ihre knappe Trainingszeit für Schwungkosmetik. Leider trifft man viel zu häufig Spieler auf der Range, die ihren Fade unbedingt in einen Draw verwandeln wollen, obwohl viele erfolgreiche Golfprofis genau diesem Fade Ihre Erfolge verdanken (Nicklaus, Montgommerie).

Beobachten Sie Ihre vollen Schläge – erreichen Sie normalerweise ihr (realistisch gesetztes) Ziel, sollten Sie sich damit zufrieden geben und Ihre knappe Trainingszeit für wichtigere Bereiche des Spiels verwenden.

Beobachten Sie die Tour-Pro's – nur wenige haben einen Schwung, den man als perfekt bezeichnen kann. Vielmehr beobachtet man Schwünge, die die meisten Golflehrer ihren Schülern nicht durchgehen lassen würden. Spieler wie etwa Jim Fyurik verzichten seit Jahren auf die Änderung ihres Schwungs und akzeptieren ihn so wie er ist. Solange die Ergebnisse, die Ihr Schwung liefert, für Sie kalkulierbar sind und sie Ihnen ermöglichen, Ihr Ziel annähernd zu treffen, besteht kein unmittelbarer Handlungsbedarf.

Ziel Ihrer Arbeit am vollen Schwung sollte die Etablierung einer Technik sein, die zu Ihnen passt, wiederholbar und so einfach wie möglich ist. Je wohler Sie sich beim Schlag fühlen und desto weniger Bewegungen Sie mit Ihrem Schläger im Verlauf des Schwungs machen, desto besser wird das Ergebnis sein.
Unser englischer Golfpro pflegte es wie folgt auszudrücken *»The most effective machine is the one with the fewest moving parts.« (Die effektivste Maschine ist die mit den wenigsten beweglichen Teilen.)*
Die körperlichen Voraussetzungen spielen hier eine besonders große Rolle. Oft wollen Golflehrer ihren Schülern einen Golfschwung beibringen, der nicht zu Statur oder Beweglichkeit des Schülers passt.

Sprechen Sie mit Ihrem Trainer über Ihre Ziele und arbeiten Sie solange daran, bis Sie sie erreicht haben. Denken Sie daran: Weniger als 40 Prozent Ihrer Schläge auf der Runde sind volle Schwünge, und die Auswirkung dieser vollen Schwünge auf Ihr Score ist wesentlich geringer, als die der dann folgenden dosierten, kürzeren Schläge.

Kurzes Spiel

Das kurze Spiel inklusive Putten bietet insbesondere dem Amateur ein wesentlich gewinnbringenderes Trainingsgebiet. Körperliche Unterschiede treten in den Hintergrund auch alters- und geschlechtsspezifische Unterschiede zwischen den Spielern verlieren an Bedeutung. Was beim kurzen Spiel zählt, ist Gefühl für den Schläger, die zu überbrückende Länge und den zu bespielenden Untergrund. Dieses Gefühl kann sich jeder erarbeiten, man muss nur bereit sein, diese Schläge immer wieder in der richtigen Weise zu trainieren.

Eine Bemerkung vorweg: Ob Sie mit oder ohne Trainer trainieren – seien Sie erfinderisch. Probieren Sie verschiedene Schläge in verschiedenen Situationen aus. Hierbei gibt es keine Tabus – wer erinnert sich nicht an die »Putts« von Tiger Woods mit dem Holz drei. Experimentieren Sie mit Ihrem Stand, der Ballposition, Schlägerblattstellung etc. Erwarten Sie nicht von einem immer gleichen Schwung verschiedene Schwungkurven. Trauen Sie sich, den Schläger einmal anders zu bewegen. Treffen Sie die Entscheidung, ob dieser abgewandelte Schwung in Ihr Schlagrepertoire aufgenommen werden soll, nicht nach ästhetischen Gesichtspunkten oder den Kommentaren Ihrer Mitspieler. Entscheiden Sie selbst, was sich gut anfühlt und wiederholbare Ergebnisse liefert – vielleicht erfinden Sie auf diese Weise einen Schlag, der in der nächsten Golfzeitung vorgestellt wird. Seien Sie mutig.

Fehlt Ihnen aber zurzeit noch der Mut, fragen Sie Ihren Pro nach alternativen Schlagvarianten im kurzen Spiel. Beobachten Sie gute Spieler Ihres Clubs beim Training. Lesen Sie Golfbücher oder Golfzeitschriften und nutzen Sie die zahlreichen

Golfübertragungen im Fernsehen, um Ihr Repertoire an kurzen Schlägen zu erhöhen.

Probieren Sie diese neuen Schläge aus, und verwerfen Sie Schläge, die Ihnen unbequem oder zu riskant erscheinen. Schläge, die Ihnen einen Vorteil versprechen, sollten Sie ständig üben. Schaffen Sie sich so ein größeres, aber überschaubares Schlagrepertoire, und Sie werden erstaunt sein, wie positiv sich dies auf Ihre Ergebnisse auswirkt. Wo im Bereich des langen Spiels Konstanz im Schwungablauf die Grundlage des Erfolg ist, so darf man im kurzen Spiel doch etwas kreativer sein und sollte öfter etwas Neues ausprobieren.

Bei einem Turnier hatte ich einen ehemaligen Hockeyspieler im Flight, der schon viele Jahre Golf spielte und über ein hervorragendes kurzes Spiel verfügte. An einem langen Par vier konnte ich nach einem langen Drive und einem guten zweiten Schlag das Grün erreichen. Mein Mitspieler hookte seinen Abschlag kurz ins tiefe Rough auf der linken Seite der Bahn, nach zwei weiteren durchwachsenen Schlägen lag er 10 Meter hinter dem Grün aber immer noch im Rough. Nachdem ich meinen Ball markiert hatte, nahm mein Mitspieler seinen Sand Wedge und lochte zum Par ein. Ich war so erstaunt, dass ich mit drei Putts vom Grün ging und Bogey spielte. Trotz drei mehr als mittelmäßiger Schläge hatte mein Mitspieler Par gespielt. Auf ähnliche Weise hat er viele Pars gerettet und Birdies gespielt und kann auf ungezählte Turniersiege zurückblicken, die man angesichts seiner Drives kaum für möglich halten würde.

Wer sein Handicap verbessern will, muss sich auf sein kurzes Spiel konzentrieren. Die Schläge aus unter 90 Meter Entfernung entscheiden über den Score. Neueste Untersuchungen (D. Pelz's Short Game Bible) zeigen allerdings, dass das Putten einen etwas geringeren Stellenwert einnimmt als bisher vermutet.

Setzt man den Anteil von erfolgreichen Putt-Versuchen ins Verhältnis mit der Entfernung zum Loch, so stellt man fest, dass Putts von unter 50 Zentimeter fast zu 100 Prozent von Amateuren und Pro's gelocht werden und Putts aus über fünf Meter Distanz selbst von Pros in weniger als 10 Prozent aller Versuche.

Hieraus ergibt sich, dass das Putten einen etwas geringeren Einfluss auf den Score hat, wie weithin angenommen wird. Liegt der Ball auf dem Grün, 12 Meter vom Loch entfernt, wird ein guter Spieler wahrscheinlich zwei Putts benötigen. Auch bei einer Entfernung von acht Meter sind zwei Putts wahrscheinlich. Erst ab einer Entfernung von unter acht Meter werden Single Putts realistischer. Ab etwa drei Meter hat man eine gute 50:50-Chance, den Ball zu lochen.

Ziel des kurzen Spiels muß folglich sein, den Ball in diese Zone von vier Meter um das Loch zu bringen. Nur in diesem Bereich kann man realistischer Weise mit verwandelbaren Putts rechnen. Wie Sie die für erfolgreiches Putten erforderliche Längen- und Richtungskontrolle erreichen, erfahren Sie ausführlich in Kapitel vier.

Zwei Drittel aller Schläge entfallen auf das kurze Spiel. Vernachlässigt man Putts aus unter 50 Zentimeter Entfernung und solche, die zwar so nahe an die Fahne gespielt wurden, dass man den nächsten Putt sicher lochen kann, aber andererseits zu weit entfernt waren, um eine realistische Chance auf einen Single Putt zu ermöglichen, erkennt man die Bedeutung der verbleibenden Schläge des kurzen Spiels.

Aus diesem Grund sollte ein großer Teil des Trainings auf Pitchs, Chips und Bunkerschläge verwendet werden. Versuchen Sie, sich diesen Trainingsbereich so angenehm wie möglich zu gestalten. Nutzen Sie Trainingsspiele, halten Sie Ihre

Ergebnisse fest – Sie werden sehen, wie motivierend es ist, wenn sich der Prozentsatz von Bunkerschlägen, zum Beispiel in einen 4-Meter-Kreis um das Loch, stetig erhöht. Versuchen Sie Ihre Spielpartner für kleine Wettkämpfe zu begeistern. Es gibt viele Möglichkeiten, Putt- oder Chipwettkämpfe zu gestalten. Der Einsatz kleinerer Geldbeträge kann den Spaß und die Konzentration dabei noch steigern.

Sollten Sie noch nicht im Besitz eines 60°-Wedges sein, empfehle ich Ihnen dringend, Ihren Pro Shop aufzusuchen und einen Demoschläger dieser Bauweise zu leihen.
Dieser Schläger wird Ihnen bessere Dienste erweisen, als das Eisen drei welches Sie mehr oder weniger aus Prestigegründen in Ihrem Bag umhertragen (Denken Sie an die Golferweisheit: Bei Gewitter ein Eisen eins in die Luft zu halten, ist der beste Schutz, denn nicht mal der liebe Gott trifft das Eisen eins.)

Versuchen Sie folgende Schlagvarianten: Mit allen drei Wedges sollten Sie einen Drittel-, Halben- und Zweidrittel-Schwung üben. Stellt man sich den Spieler auf einem Ziffernblatt einer Uhr vor, so schwingt man beim Drittelschwung bis 7.30 Uhr, beim halben Schwung bis 9 Uhr und beim Zweidrittelschwung bis 10.30 Uhr (der linke Arm stellt bei dieser Betrachtung jeweils den kleinen Zeiger dar).

Versuchen Sie immer wieder bis zu diesen Fixpunkten aufzuschwingen und dann in einer gleichförmig beschleunigten Bewegung durchzuschwingen. Die Bälle werden mit einiger Übung bei gleich weiter Ausholbewegung und gleichem Schläger in etwa gleich weit fliegen. Bei Pitching Wedge, Sandwedge und 60°-Wedge ergeben sich so neun feste Entfernungen in dem so wichtigen Bereich von 30 bis 90 Meter um das Grün. Sie müssen nur noch abschätzen, wie weit Sie von der Fahne entfernt sind, diese Entfernung mit Ihren Standardlängen bei den einzelnen Ausholbewegungen abgleichen und schon können Sie mit einem sicheren Gefühl Ihr Ziel ins Visier nehmen.

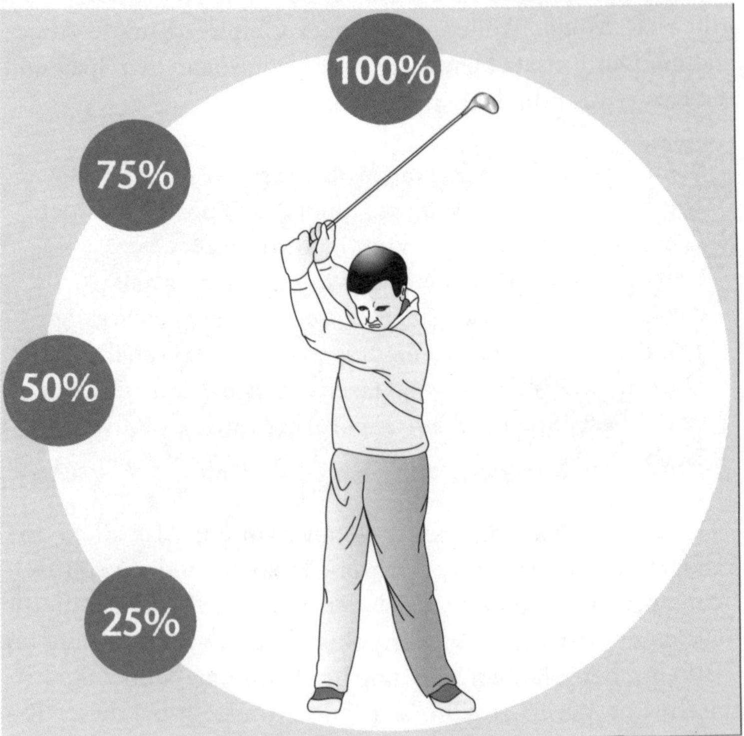

Dosierte Schläge – Aufschwung bis zu festen Positionen

Putten

Weder besondere körperliche Voraussetzungen noch eine aufwändige Technik sind nötig, um gut Putten zu können. Betrachtet man Tour-Spieler oder Amateure, so wird man eine Vielzahl unterschiedlichster Techniken beobachten können.

Gefühl, Konzentrationsfähigkeit und mentale Stärke entscheiden hier über Erfolg oder Misserfolg. Ebenso wie beim langen Spiel sollten Sie bezüglich Ihrer Schlagtechnik nur einige wenige Aspekte beachten:

- ☐ Versuchen Sie im Treffmoment, einen *rechten Winkel zwischen Schlagfläche und Ziellinie* zu bilden (den Ball square zu treffen).
- ☐ *Längenvariationen sollten durch veränderte Schwunglängen* erzielt werden, das heißt bei einem langen Putt holt man länger aus und schwingt länger durch. Befolgt man diese Regel, lässt sich auf Dauer ein Gefühl für den Zusammenhang zwischen Schwungbewegung und daraus resultierender Puttlänge aufbauen.
- ☐ Vermeiden Sie es, nach dem Ball zu schlagen (das heißt nach kurzer Ausholbewegung relativ kräftig durchschwingen und damit den Ball eher wegstoßen als durch ihn durch zu pendeln). Diese Technik sieht man zwar auch bei manchen Pro-'s, aber ein verlässliches Gefühl lässt sich hier nur durch häufiges Üben und eine jahrelange Erfahrung erreichen.
- ☐ Experimentieren Sie mit dem Griff – neben dem Overlapping-Griff kann man auch die rechte Hand oben haben oder etwa wie bei Bernhard Langer gesehen, den linken Arm an den Schaft anlegen.

Ziel des Techniktrainings

Grundsätzlich sollten Sie in allen Golfbereichen ihre eigene Technik finden und entwickeln. Es ist wenig hilfreich, zu versuchen eine fremde Technik eins zu eins zu kopieren – dafür sind die Menschen zu unterschiedlich. Jeder Golfer ist als Mensch und Spieler einmalig. Er bringt andere Talente und körperliche Voraussetzungen mit. Aus diesem Grund sollte jeder Spieler seinen eigenen Weg finden und sich einen Trainer suchen, der ihn auf diesem Weg unterstützt.

Der »Schwung des Tages«

Auch wenn es Ihnen nach gezieltem Training gelungen ist, einen wiederholbaren Schwung aufzubauen, werden Sie feststellen, dass es an manchen Tagen leichter fällt diesen Schwung auszuführen und an anderen Tagen schwerer.

Je nachdem wie Ihre körperliche und moralische Verfassung ist, werden Sie mehr oder weniger bereit sein, zum Beispiel eine volle Schulterdrehung durchzuführen. Auch kaltes Wetter kann dazu führen, dass Sie sich insgesamt weniger bewegungsfreudig fühlen als an anderen Tagen (etwa aufgrund dickerer Kleidung).

Beim Einschlagen auf der Range sollten Sie darauf achten, ob Sie dann in der Lage sind, Ihren gewohnten Schwung auszuführen, oder ob es Ihnen eventuell schwer fällt, zum Beispiel Ihre Schultern voll zu drehen.

Stellen Sie nun auf der Range fest, dass dies wieder ein Tag ist, an dem man sich nicht ganz wohl fühlt, kann es vorteilhaft sein, dass man von seinem Idealschwung für diesen Tag Abstand nimmt und den »Schwung des Tages« ausführt. Eine geringere Schulterdrehung kann zu einem leichten Fade führen. Tendieren Sie aber bei Ihrem normalen Schwung eher zum Draw, kann es passieren, dass Sie an einem Tag, an dem nicht alles rund läuft, mit einer rechts-links Kurve rechnen und eine links-rechts Kurve bekommen. Bei Löchern mit kleinen Grüns werden Sie sich im Bunker wiederfinden. Hätten Sie aber den leichten Fade als Folge Ihres eingeschränkten Schwung des Tages akzeptiert und sich darauf eingestellt, hätten Sie das Grün getroffen.

Der Schwung des Tages sollte aber nicht als Ausrede gebraucht werden, innerhalb des Trainings immer bequemer zu werden und immer dann, wenn es zwickt, den Schwung zu verkürzen.
Der Schwung des Tages ist lediglich als Anpassung unmittelbar vor einer (Turnier-)Runde zu verwenden.

Mindestanforderungen an Ihre Schwungtechnik

Beobachtet man die verschiedenen Golfer unabhängig davon, ob es sich um Golfpros oder Amateure handelt, wird man eine große Variationsbreite in den einzelnen Schwungelementen beobachten können.

Reduziert man diese verschiedenen Schwünge auf ihre Gemeinsamkeiten, so stellt man fest, dass nur wenige Bestandteile des Golfschwungs allgemeine Gültigkeit besitzen. Diese Bestandteile sollten auch in Ihrem persönlichen Schwung vorhanden sein.

Gewichtsverlagerung

Verlagern Sie Ihr Gewicht entsprechend der Richtung, in der Sie Ihren Schläger bewegen – und nicht entgegengesetzt. Im Aufschwung sollten Sie daher Ihr Gewicht auf die rechte Seite verlagern und im Durchschwung Ihr Gewicht in den Schlag legen und es in Richtung Ziel bewegen.

Schwungrhythmus

Vor allem gleichmäßig sollte Ihr Rhythmus sein – und zu Ihnen passen. Sind Sie ein impulsiver Typ, werden Sie sich mit einem betont langsamen Schwung kaum wohlfühlen.

Behalten Sie Ihren Rhythmus, ungeachtet der emotionalen Situation, in der Sie sich befinden, bei. Verkürzen Sie Ihren Schwungradius oder verändern Sie Ihr Tempo unter Turnierstress, so besteht die Gefahr, dass der ganze Schwung zusammenbricht.

Follow-Through

Eine weitere dieser Gemeinsamkeiten ist das Durchgehen des Schlägers durch den Ball. Idealerweise treffen Sie zuerst den Ball dann den Boden. Kurz vor dem Ball kann das Gras aber schon etwas abrasiert worden sein. Einige Zentimeter nach dem Treffpunkt sollte dann ein flaches rechteckiges Divot verlaufen.

Haben Sie den Ball in dieser Weise getroffen, wird er im Treffmoment die Schlagfläche »hochlaufen«, von den Rillen (grooves) erfasst und erhält so den für die Flugkurve entscheidenden Rückwärtsdrall. Dieser Rückwärtsdrall sorgt zum einen für einen stabilen Flug (ähnlich der Rotation die eine Kugel durch den gedrehten Lauf eines Gewehrs erhält) zum anderen unterstützt dieser Drall ein schnelles Stoppen des Balls auf dem Grün (backspinn).

Diese allgemeinen Ausführungen zur Schlagtechnik sollen genügen. Behalten Sie die hier gelesenen Informationen im Hinterkopf, wenn Sie die nächsten Trainingseinheiten mit oder ohne Pro absolvieren. Generell gilt: Bei technischen Fragen ist es immer ratsam, einen guten PGA-Teaching-Professional aufzusuchen. Er hat eine fundierte Ausbildung und kann mit Ihnen gemeinsam den für Sie besten Weg auswählen.

Was Sie bis jetzt gelernt haben:

- Nur ein geringer Teil Ihrer Schläge auf der Runde sind volle Schläge.
- Auch die besten Golfer verfehlen Grüns und Fairways.
- Perfektion werden auch Sie nie erreichen.
- Golf ist wesentlich mehr als nur ein perfekter Schwung.
- Putten kann jeder lernen – insbesondere Anfänger können hier schnell Schläge gutmachen.

Was Sie an dieser Stelle ausprobieren sollten:

- Erarbeiten Sie sich Ihren eigenen, berechenbaren und wiederholbaren Schwung.
- Erreichen Sie Schlagkontrolle im kurzen Spiel durch einen Aufschwung zu bestimmten Fixpunkten der Ihnen feste Schlaglängen liefert.
- Üben Sie Situationen, die Ihnen auf dem Platz regelmäßig widerfahren.
- Verlagern Sie Ihren Übungsschwerpunkt auf das kurze Spiel und das Putten.

STRATEGISCHES GOLF

Golf, ein Spiel für Denker

Das vorangegangene Kapitel »Schwungtechnik« sollte Ihnen verdeutlicht haben, dass man als Golfer immer an seiner Technik feilen kann, dies aber nicht immer in dem allgemein üblichen Verständnis tun sollte. Insbesondere die eigenen Talente und Möglichkeiten sollten immer die Leitlinie für die Arbeit an der Schwungtechnik vorgeben.

Im folgenden Kapitel werden die bereits angesprochenen nicht-technischen Teilbereiche des Spiels hinterfragt. Die Besonderheiten des Golfspiels, welche den großen Unterschied zu anderen Sportarten ausmachen, kommen hier besonders zur Geltung. Die Arbeit an der Technik unterscheidet sich noch nicht von anderen Sportarten. Es werden immer wieder technische Abläufe wiederholt um einen gewissen Automatismus zu erreichen. Taktische und strategische Alternativen werden ebenfalls immer wieder eingeübt, so dass sie im Moment des Geschehens ebenfalls automatisch funktionieren. Dies gilt für fast alle anderen Ballsportarten. Bei Mannschaftsspielen ist das automatische Funktionieren notwendig, da viele Spieler an einem Spielzug beteiligt sind. In Einzelsportarten wie Tennis muss das Erkennen der jeweiligen Spielsituation sowie das Abrufen der besten Reaktion ebenfalls automatisiert werden, da der in das gegnerische Feld gespielte Ball nach wenigen Sekunden wieder zurück kommt.

Golf stellt hier ganz andere Anforderungen an den Spieler. Vor einer Runde kann man die zu spielenden Löcher in Form einer Runden- oder Platzstrategie durchplanen. Auch wenn nicht jeder Schlag so gelingt wie man sich das vielleicht vorgestellt hat und dadurch eine Änderung der Strategie erfolgen muss, so ist die Runde doch in 18 Löcher unterteilt, die jeweils von neuem beginnen und sich daher getrennt planen lassen. Abstimmungen mit anderen Spielern müssen während der Runde nur bei eher selten gespielten Vierer-Turnieren getroffen werden. Die Analyse der jeweiligen Situation und die Auswahl der günstigsten Alternative können in aller Ruhe getroffen werden – der Ball wartet bis man sich entschieden hat.

Nach der Runde kann man mit Hilfe einer Analyse, Erkenntnisse für die nächste Runde oder die nächsten Trainingseinheiten gewinnen.

Strategische Überlegungen sollten beim Golf also in allen Phasen, vor nach und während der Runde angestellt werden. Sie sind sehr wichtig für den Erfolg auf der Runde und dürfen nicht der Schwungtechnik untergeordnet werden. Sollten Sie diesen Fehler begehen, landen Sie sich eventuell nach einem Super-Drive im Fairwaybunker, den Sie zuvor bei Ihrer Ausrichtung am Abschlag vergessen hatten. Viele Spieler machen auch immer wieder die gleichen Fehler, die zu einer unerfreulichen Runde führen können, beispielsweise indem Sie zu wenig Zeit für ein Aufwärmprogramm einkalkulieren. Schaffen Sie sich die Möglichkeit, durch planvolles Handeln vor, während und nach der Runde mehr aus Ihrem Spiel zu machen.

Stärken- und Schwächenprofil

Am Anfang aller strategischen Überlegungen sollte eine Selbstanalyse stehen – wie schätzen sie sich selbst ein? Das in der Einleitung beschriebene 120°-Diagramm stellt einen ersten Schritt in Richtung Selbsterkenntnis dar. Im Folgenden will ich Sie dazu motivieren, Ihr persönliches Stärken- und Schwächenprofil zu entwickeln. Dieses Profil hilft Ihnen, Ihr

Training zu organisieren und erleichtert Ihnen manche Entscheidung auf der Runde.

Zur Entwicklung Ihres persönlichen Profils sollten Sie Ihre Fähigkeiten in den folgenden Bereichen so ehrlich und gewissenhaft wie möglich beurteilen. Geben Sie sich Noten von »eins« (sehr gut) bis »fünf« (mangelhaft), wobei Sie »drei« als Ihren persönlichen Gesamtdurchschnitt annehmen können (der mit »drei« benotete Bereich bringt Ihnen zur Zeit weder Vorteile, noch belastet er Ihr Spiel). Eine »zwei« in der Zeile Driver würde zum Beispiel bedeuten, dass Sie relativ gut abschlagen, was bei einem Handicap-28-Spieler bedeuten könnte, dass er den Driver regelmäßig benutzt und die Mehrzahl der Abschläge auf dem Fairway oder im Semirough landen, und dies bei einer ungefähren Entfernung von 180 bis 200 Metern. Eine »vier« bei Driver kann für den Handicap-5-Golfer wiederum bedeuten, dass er weniger als 40 Prozent der Fairways trifft. Nehmen Sie sich Zeit für die Beantwortung der Fragen, denn die daraus gewonnene Selbsterkenntnis wird Ihnen bei Ihrer golferischen Entwicklung weiterhelfen.

Die Beantwortung der folgenden Fragen gibt Ihnen Auskunft über Ihr derzeitiges Spielvermögen:

Schlagtechnik:	**Note**
Wie gut beherrschen Sie Driver und Fairwayhölzer?	
Wie gut beherrschen Sie lange Eisen?	
Wie gut beherrschen Sie mittlere Eisen?	
Wie gut beherrschen Sie kurze Eisen?	
Wie gut beherrschen Sie Wedges?	
Wie gut können Sie Putten?	
Und Chippen?	
Wie gut gelingen Spezialschläge?	
Wie sicher spielen Sie aus ungewöhnlichen Lagen?	
Wie präzise sind Ihre Annäherung aus unter 100 Meter Entfernung?	

Trainingsstrategie:	**Note**
Wie solide ist Ihre Rundenvorbereitung?	
Wie erfolgt Ihre Trainingsaufteilung:	
Entsprechend Ihrer Stärken und Schwächen?	
Entsprechend der Anforderungen des Platzes?	
Entsprechend der Bedeutung der einzelnen Schläge?	
Entsprechend Ihrer persönlich geführten Statistik?	
Mentale Stärke und Platzstrategie:	
Wie groß ist Ihr Selbstvertrauen?	
Wie sehr liegt Ihnen der erste Abschlag?	
Wie gut kommen Sie mit fremden Spielpartnern aus?	
Wie gezielt bereiten Sie sich auf Turniere vor?	
Machen Sie sich regelmäßig Gedanken zu Ihrer Platzstrategie?	
Machen Sie Übungen im mentalen Bereich (Visualisierungs- oder Entspannungsübungen)?	
Wie ausgereift ist Ihre Schlagvorbereitungsroutine?	
Wie klar können Sie Ihre golferischen Ziele beschreiben?	
Wie gut können Sie zwischen Phasen der Konzentration und Erholung auf dem Platz hin und her wechseln?	
Generelle Fitness:	
Machen Sie regelmäßig Dehnübungen?	
Versuchen Sie Ihre generelle Fitness durch Joggen, Walken, Radfahren oder Schwimmen zu verbessern?	
Fühlen Sie sich am 14. Loch genauso frisch wie zu Beginn?	
Gesamtsumme:	
Durchschnitt (Summe dividiert durch 27)	

Dieser Test dient der Feststellung ihrer Stärken und Schwächen. Wie vereinbart haben Sie die Note »drei« immer dann vergeben, wenn Sie in dem von der Frage angesprochenen Bereich für Ihr derzeitiges Spielniveau durchschnittliche Ergebnisse erreichen.

Alle Bereiche, die Sie mit »vier« oder »fünf« bewerten, deuten auf eine Schwäche in Ihrem Spiel hin. In diesen Bereichen

könnten Sie künftig Ihre Trainingsschwerpunkte setzen. Denn wie bereits erwähnt, ist eine Verbesserung in einem eher unterentwickelten Bereich Ihres Spiels leichter und damit zielführender als beispielsweise die Perfektionierung eines bereits guten Schlages.

Neben der Hilfe zur Trainingsaufteilung soll Ihr Stärken- und Schwächenprofil Ihnen auch bei Ihrer persönlichen Platzstrategie helfen: Sollten Sie eine »vier« oder »fünf« im Bereich Driver vergeben haben, ist es sinnvoller auf den Einsatz des Drivers auf dem Platz solange zu verzichten, bis Sie sich auf der Range mehr Sicherheit im Umgang mit diesem Schläger angeeignet haben. Sollten Sie nicht auf Ihren Driver verzichten wollen, so planen Sie seinen Einsatz an Löchern mit breiten Fairways. Hier werden Ihnen eher Fehler verziehen, und ein Erfolgserlebnis ist leichter zu erreichen.

Haben Sie sich schlechte Noten für Schläge aus unter 50 Metern Entfernung erteilt, weil Sie vielleicht noch Probleme mit dosierten Annäherungen haben, so planen Sie dies ebenfalls in Ihre Platzstrategie ein: Sollten Sie bei einem langen Par vier nach Ihrem Drive und Ihrem Eisen fünf noch 50 Meter bis zur Fahne haben, wechseln Sie Ihre Strategie und vermeiden Sie diese ungeliebte Entfernung. Entscheiden Sie sich beim nächsten Mal für einen Schläger, der den Ball in eine Entfernung von etwa 75 Meter zur Fahne bringt. Sie haben nun die Möglichkeit, einen vollen Schlag mit einem Wedge zu machen.

Mit derart kleinen Veränderungen haben Sie die Möglichkeit, Ihre derzeit noch vorhandenen Schwächen zu umgehen und unangenehme Situationen zu vermeiden.

Aber auch die Noten »zwei« oder »eins« verdienen Ihre Aufmerksamkeit. Hier liegen Ihre Stärken. Richten Sie Ihre Platzstrategie so aus, dass sie möglichst oft zur Anwendung kommen.

Interessieren Sie sich hierbei nicht für ästhetische Fragen, wie zum Beispiel der optische Eindruck eines flach angespielten Grüns mit einem Eisen fünf im Vergleich zu einem hohen Anspiel mit dem Sandwedge. Sollten Sie ein gutes Holz drei spielen und mit dem Driver nur Note »vier« erreichen, verwenden Sie das Holz drei vom Tee und lassen den Driver zu Hause.

Überarbeiten Sie Ihr Stärken- und Schwächenprofil regelmäßig. Versuchen Sie auch Ihre tatsächliche Trainingsaufteilung auf dem Platz, der Range und zu Hause mit diesen Ergebnissen abzugleichen. Möglicherweise entdecken Sie bereits hier einen Zusammenhang zwischen Ihrem Trainingsaufwand und Ihren Stärken und Schwächen.

Arbeiten Sie an Ihren Schwächen durch ein verstärktes Training und steigern Sie Ihr Selbstvertrauen, indem Sie sich regelmäßig Ihre Stärken vor Augen führen. Nutzen Sie Ihre Stärken möglichst oft auf der Runde und umgehen Sie durch überlegtes Spiel Ihre Schwachpunkte.

Was Sie bis jetzt gelernt haben:

- Jeder Mensch hat Stärken und Schwächen – also auch jeder Golfer.
- Seine eigenen Schwächen kann man entweder akzeptieren und umgehen oder sie bekämpfen.

Was Sie an dieser Stelle ausprobieren sollten:

- Arbeiten Sie Ihr persönliches Stärken- und Schwächenprofil aus.
- Erkennen Sie Ihre Stärken und setzen Sie sie ein.
- Erkennen Sie Ihre Schwächen und versuchen Sie diese während der Runde durch taktisch kluges Spiel zu vermeiden.
- Arbeiten Sie im Training gezielt an Ihren Schwächen und ignorieren Sie sie nicht.

Turniervorbereitung (einige Tage vor dem Turnier)

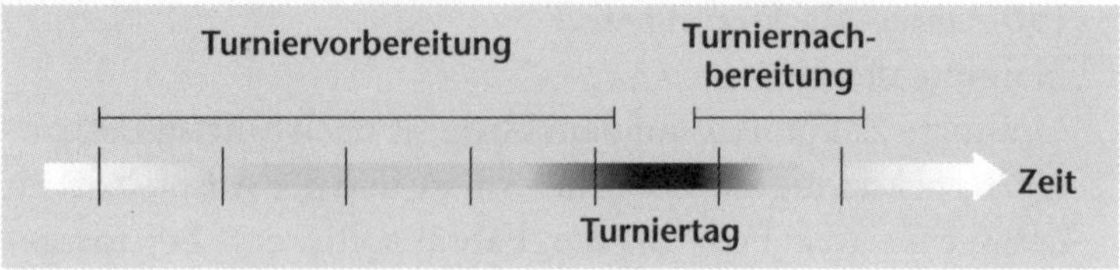

Richtige Turniervorbereitung – eine Frage der Zeit

Nachdem Sie Ihr persönliches Stärken- und Schwächenprofil erarbeitet haben, sollten Sie auch Ihre Turnier- oder Rundenvorbereitung einer strategischen Betrachtung unterziehen. Eine optimale Rundenvorbereitung sollte nicht nur bei Professionals bereits einige Tage vor dem Turnier beginnen.

Befürchten Sie einen zu hohen Zeitaufwand? Keine Angst, denn dieser Bereich der Turniervorbereitung ist nur bei Turnieren auf fremden Plätzen etwas zeitaufwendiger. Spielen Sie ein Turnier auf dem Heimatplatz, sind im Normalfall nur marginale Anpassungen von Runde zu Runde nötig.

Stellen Sie sich folgende Fragen:

Findet das Turnier auf dem Heimatplatz statt?

Sollte dies nicht der Fall sein, ziehen Sie in jedem Fall eine Proberunde in Erwägung. Nutzen Sie die Gelegenheit, sich in entspannter Atmosphäre einen Eindruck vom Platz und seinen Anforderungen zu verschaffen. Machen Sie sich Notizen in denen folgenden Informationen festgehalten werden:

- ☐ Grundriss aller Spielbahnen mit Hindernissen
- ☐ Optimale Zielpunkte für Ihre Drives
- ☐ Schlägerwahl bei Par-3-Löchern (unter Beachtung verschiedener Windverhältnisse)

- ☐ Schlägerwahl bei Doglegs und blinden Löchern
- ☐ Schlägerwahl beim Anspielen des Grüns von markanten Punkten aus (zum Beispiel Fairwaybunker, einzelne Bäume, 150-Meter-Markierung etc.)
- ☐ Neigung des Grüns
- ☐ Optimale Zielpunkte auf dem Grün (je nach Spielstärke) unter Berücksichtigung der Hindernisse und der Anspielbarkeit des Grüns (die Position der Fahne sollte erst bei fortgeschrittenen Spielern eine Rolle spielen)

Fragen Sie im Sekretariat nach einer Birdiekarte oder einer Platzkarte, auf der die Löcher aufgezeichnet und markante Punkte vermaßt wurden. Diese Karte wird Ihnen Ihre Aufzeichnungen erleichtern und Sie können dort die Erkenntnisse, die Sie auf der Proberunde gewinnen, vermerken.

Gehen Sie nicht zu sorglos mit diesem Punkt Ihrer Rundenvorbereitung um, denn es gilt zwei Umstände in jedem Fall zu vermeiden:

- Sie befinden sich auf dem Fairway, kennen nicht die exakte Länge des Grüns und sind sich aufgrund der unzureichenden Markierungen auf dem Fairway nicht über die zu überbrückende Länge bis zum Grün im klaren. Diese Unsicherheit wird sich negativ auf Ihre Schlagvorbereitung auswirken und verhindern, dass Sie Ihren Schlag mit vollster Zuversicht ausführen.
- An einem Par drei verlassen Sie sich auf die Entfernungsangabe auf der Abschlagtafel. Aus Zeitmangel haben Sie keine Proberunde gespielt und wissen daher nicht, welcher Schläger auszuwählen ist. Aus der Entfernung ergibt sich ein Eisen fünf. Sie treffen den Ball ausgezeichnet, doch leider bleibt der Schlag zu kurz. Sie haben in Ihrer Aufregung übersehen, dass das Fairway

zum Loch hin ansteigt und somit der Schlag zu kurz bleiben musste. Der Ball rollt zurück in den Bunker und Sie ärgern sich über einen technisch perfekten Schlag – doch der Fehler ist an einer anderen Stelle zu suchen.

In welchem Spielmodus wird die Runde ausgetragen?

Auch der Spielmodus kann Einfluss auf Ihre Vorbereitung haben. Ein Turnier, das als Zählspiel ausgetragen wird, versetzt Spieler, die in der Regel nur nach Stableford spielen, oft in emotionale Bedrängnis. Vermeiden Sie eine zu große Anspannung am Turniertag indem Sie einige Ihrer Privatrunden ebenfalls als Zählspiel ausführen. Auf diese Weise gewöhnen Sie sich an die besonderen Bedingungen dieser Wettspielform und sind somit besser auf Ihr Turnier vorbereitet.

Haben Sie sich für eines der seltenen Match-Play-Turniere angemeldet, so erfordert dies auch eine geänderte Einstellung zum bevorstehenden Turnier. Hier zählen keine Gesamtschlagzahlen oder Gesamtpunkte. Man spielt Loch für Loch gegen einen Gegner – und nur gegen diesen Gegner. Weder andere Turnierteilnehmer noch der Platz kommen als mögliche Kontrahenten ins Spiel. Bei dieser Spielform werden Sie dazu gezwungen, auf die Aktionen Ihres Gegners direkt zu reagieren oder ihn mit Ihrem eigenen Spiel unter Druck zu setzen. Testen Sie daher im Vorfeld des Matchplay-Turniers einige Alternativen zu Ihrer gewöhnlichen (Zählspiel-)Platzstrategie. Überprüfen Sie, ob Sie an einem Loch eine Tigerline spielen können. Versuchen Sie, Abschläge aggressiver zu spielen. Probieren Sie, wenn es Ihre Länge zulässt, das ein oder andere Par fünf sowie lange Par vier mit zwei Schlägen zu erreichen.

Umgekehrt sollten Sie defensive Spielvarianten ausprobieren. Schlagen Sie mit einem Eisen an einem langen Loch ab, an dem Sie normalerweise ein Holz verwenden. Legen Sie den Ball an einem Loch mit Wasserhindernis vor.

Wenn Ihnen diese Ratschläge inkonsistent und widersprüchlich erscheinen, so haben Sie Recht. Aber das Agieren und Reagieren beim Matchplay folgt ebenfalls keinen vorher berechenbaren Gesetzmäßigkeiten.

Zwei Beispiele sollen dies belegen:

- Ihr Gegner trifft bei einem Par fünf oder einem langen Par vier das Grün mit dem zweiten Schlag. Sie müssen davon ausgehen, dass er höchstens zwei Putts zum Einlochen brauchen wird. In dieser Situation ist es wenig sinnvoll, den Ball mit einem Eisen sicher vorzulegen. Selbst ein guter Annäherungsschlag und ein gelochter Putt geben Ihnen höchstens die Chance auf ein geteiltes Loch. Liegt Ihr Gegner also mit zwei auf dem Grün bleibt Ihnen ebenfalls nur der Angriff. Sollten Sie den Ball verschlagen, so haben Sie nur dieses Loch verloren – was Sie aber mit dem vorgelegten Ball wahrscheinlich ebenfalls nicht hätten verhindern können.
- Am nächsten Loch, einem Par vier an dem Sie immer einen Driver verwenden, schlägt Ihr Gegner den Ball ins Aus. In dieser Situation sollten Sie lediglich den Ball auf das Fairway schlagen – und dies möglichst ohne Risiko. Spielen Sie konservativ und bringen Sie Ihren Gegner nicht zurück ins Spiel, indem Sie ebenfalls Ihren Drive ins Aus befördern.

Die Anforderungen an die eigene Spieltaktik wechseln im Matchplay ständig. Unvorhersehbare Wendungen des Spielverlaufs gehören zur Normalität. Die entsprechende Reaktion auf einen Schlag des Gegners, zum Beispiel der Abschlag mit einem Eisen an einem langen Loch oder den Versuch das Grün des Par fünf mit dem zweiten Schlag zu erreichen, wird Ihnen wesentlich leichter fallen, wenn Sie die-

se Situation im Vorfeld des Turniers bereits geprobt haben. **Denn auch hier gilt: mit Unsicherheit an einen Schlag heranzugehen führt selten zum gewünschten Ergebnis.**

Welche Witterung ist zu Erwarten?

Lassen die Wetteraussichten für den Turniertag regnerisches und windiges Wetter erwarten, könnten Sie sich bereits in Ihrer Vorbereitungsphase auf die bevorstehenden veränderten Verhältnisse einstellen. **Regen und Wind haben zwei Auswirkungen auf den Ball: eine Längenänderung und eine Richtungsänderung.**

Die Richtungsänderung durch seitlichen Wind lässt sich leider nicht bei gutem Wetter üben, daher sollten Sie auch bei schlechten Witterungsverhältnissen ab und zu eine Privatrunde spielen, um sich an diese besonderen Anforderungen zu gewöhnen.

Die Auswirkungen der zu erwartenden Längenänderung, insbesondere die reduzierte Länge bei den Abschlägen durch Gegenwind und Regen lassen sich aber auch problemlos bei schönem Wetter üben.

Schlagen Sie in der Vorbereitungsrunde nicht mit Ihrem am jeweiligen Loch bevorzugten Schläger ab, sondern greifen sie zu einem kürzeren Schläger, zum Beispiel einem mittleren Eisen. Die reduzierte Schlagweite wird Ihnen helfen, sich bei dem folgenden jetzt längeren Schlag, an die zu erwartende Situation bei Gegenwind und Regen einzustellen. Gleiche Anpassungen können auch hilfreich sein, wenn Sie ein Turnier auf einem Platz spielen wollen, der wesentlich länger als Ihr Heimatplatz ist.

Ist die Ausrüstung komplett?

Spätestens am Vorabend der Turnierrunde sollten Sie Ihre Ausrüstung überprüfen. Sind alle Schläger vorhanden? Haben

Sie die erlaubte Anzahl von 14 Schlägern nicht überschritten? Haben Sie genug Bälle, Tees, Ihre Pitchgabel, Regenzeug, Handtuch und Schirm im Bag? Sind Ihre Schuhe in Ordnung und haben Sie Ihre Aufzeichnungen (Birdiecard) dabei?

Haben sich auf der letzten Runde besondere Schwächen oder Probleme gezeigt?

Das Auswerten der vergangenen Runden kann Ihnen wertvolle Hinweise für Ihre Trainingsaufteilung geben. Sollten sich im Verlauf der letzten Runden Schwächen gezeigt haben, sollten Sie insbesondere an diesen Bereichen Ihres Spiels arbeiten. Denn nichts ist so ärgerlich, wie zum Beispiel wiederholt in einer entscheidenden Situation im Bunker zu liegen, um dann festzustellen, dass man gerade diesen Schlag im letzen Turnier verpatzt hat und es überdies noch versäumt hat, ihn zu üben.

Werden die Grüns für das Turnier besonders kurz geschnitten?

Leider finden wir Amateure selten die gleichmäßigen Bedingungen vor, an denen sich die Professionals täglich erfreuen dürfen (ein echter Nachteil des Amateurgolfs). Sollte Ihr Greenkeeper die Angewohnheit haben, die Grüns im Verlauf des Jahres mal kurz, mal lang zu schneiden, je nach Bedeutung des anstehenden Turniers oder entsprechend der Vegetationsperiode, dann müssen Sie sich an die jeweilige Situation gewöhnen. Sollten die Grüns immer am Turniertag kurz geschnitten werden, so können Sie sich im Verlauf Ihrer Vorbereitungen darauf einstellen, indem Sie verstärkt Bergab-Putts üben.

Je stärker die Grüns am Turniertag geschnitten werden, desto steiler muss die Stelle sein, an der Sie Ihre Putts üben.

Checkliste für die Turniervorbereitung:

Heimatplatz

- Birdiekarte kaufen und überarbeiten
- Schlägerauswahl für Par-drei-Löcher
- Zielpunkte für Drives/Grüns eintragen

Fremder Platz

- zusätzlich Proberunde einplanen

Spielmodus

- Stableford: keine weiteren Anpassungen
- Zählspiel: Risiko-/Chance-Abwägung an kritischen Löchern
- Proberunde in dieser Spielform ausführen
- Matchplay: Im Vergleich zum persönlichen Spiel offensivere und defensivere Varianten üben

Witterung

- Regen und Wind in Rundenstrategie einplanen
- Simulation von Gegenwind durch Verwendung kürzerer Schläger vom Tee während der Proberunde
- Ersatzkleidung, insbesondere Ersatzhandschuhe

Sonstiges

- Positiv auf Runde einstellen
- Zeit für Aufwärmprogramm einplanen
- Golftasche und Verpflegung am Vorabend packen
- Spaß am Spiel haben

Turniervorbereitung (am Wettkampftag)

Allein der Gedanke an diesen Tag sorgt bei vielen Golfern für ein flaues Gefühl in der Magengegend. Die Nacht verläuft unruhig, das Frühstück schmeckt nicht und die Gedanken krei-

sen ständig um das bevorstehende Turnier. Ein gewisses Maß an Nervosität oder (wertfreier ausgedrückt) Grundspannung sollte Sie nicht stören. Alle guten Sportler haben dieses leichte Gefühl der Anspannung vor einem Wettkampf, ja es muss sogar vorhanden sein, um eine Bestleistung erreichen zu können.

Um dieses Gefühl aber in erträglichen und leistungsfördernden Grenzen zu halten und insbesondere kurz vor dem ersten Abschlag nicht ins Unzumutbare anwachsen zu lassen, ist eine sorgfältige Vorbereitung sehr wichtig – sie schafft Sicherheit und beruhigt. Der Bereich der direkten Rundenvorbereitung dient der körperlichen und mentalen Einstimmung auf das Turnier. Der mentale Bereich wird ausführlich im folgenden Kapitel behandelt, aber soviel vorweg: Körper und Geist stehen in einer engen Beziehung mit ständiger gegenseitiger Einflussnahme. Registriert das Gehirn beispielsweise eine Verspannung im Rücken, die eine mühelose Schulterdrehung nicht zulässt, kann dieses körperliche Defizit dazu führen, dass der Schwungradius verkleinert wird, was zum Beispiel zu Timingproblemen führen kann. Diese Timingprobleme werden vom Spieler registriert und führen zu einem insgesamt unsicheren Schwunggefühl auf der gesamten Runde: Ein körperliches Problem wird so auch zu einem mentalen Problem. Umgekehrt kann die Angst vor einem bestimmten Abschlag, etwa über einen Teich zu Verspannungen in der Nackenmuskulatur führen: Ein mentales Problem wird zu einem körperlichen Problem.

Diese Zusammenhänge funktionieren aber auch in umgekehrter, positiver Richtung: ein gutes körperliches Gefühl beim Aufstehen oder bei den ersten Schlägen auf der Range kann zu einer positiven geistigen Einstellung, zu einem Gefühl großer Zuversicht führen. Ebenso kann ein siegessicheres Gefühl zu einer entspannten, stressfreien Einstellung führen und somit dem Körper die Möglichkeit geben, sein Potenzial optimal zu entfalten.

Im Hinblick auf eine stressfreie Fahrt zum Golfplatz sollte man seine Tasche bereits am Vorabend gepackt haben und plant die Abfahrt so, dass man etwa 11/4 Stunden vor seiner Abschlagzeit auf dem Golfplatz ankommt.

Eine kürzere Vorbereitung sorgt normalerweise für Hektik, bei einer längeren Vorbereitung besteht die Gefahr, dass man gegen Ende der Runde seine Motivation und Konzentration verliert.

Schwungtechnische Veränderungen sollte man tunlichst nicht am Tag des Turniers durchführen, sie verunsichern und sind nicht in wenigen Minuten so zu verinnerlichen, dass sie unter Wettkampfbedingungen abrufbar sind.

Sinnvoller ist es, mit einigen Putts und Chips verschiedener Länge auf dem Putting-Grün zu beginnen. Vor den längeren Schlägen sollten Sie einige golfspezifische Lockerungsübungen durchführen. Diesem Aufwärmen können einige kurze Schläge auf das Pitching-Grün folgen. Hierdurch wärmt man in schonender Weise die Muskulatur auf, übt seine Koordination und bereitet sich auf die mittleren und langen Schläge auf der Driving-Range vor. Auf der Range sollte man sich auch auf einige wenige Bälle beschränken. Nach einigen lockeren Schlägen mit verschiedenen Schlägern empfiehlt sich das Durchlaufen der Pre-Shot-Routine und das Anspielen von Zielen um sich realistisch auf die Runde vorzubereiten.

Wie bereits gesagt, effektives Techniktraining ist nicht mehr möglich. Man sollte sich auch seine Kraft einteilen, denn es stehen noch 18 Löcher bevor.

Vielen Spielern verschafft es ein Gefühl der Sicherheit, wenn sie dem Bunker einen kurzen Besuch abstatten. Einige gute Bunkerschläge sollten aber auch hier genügen (5 Minuten). Kurz vor der Runde lassen sich in der Nähe des ersten Abschlags erneut einige Chips und Putts üben, um die Schnelligkeit des Grüns zu Prüfen und Gefühl für diesen wichtigen

Teil des Spiels zu bekommen.

Unmittelbar vor dem Abschlag sollte man sich nochmals an einen ruhigen Ort zurückziehen und sich mental wie körperlich sammeln, eventuell nochmals an gute erste Abschläge denken.

Berücksichtigt man noch die Zeit, die man benötigt, um die einzelnen Übungsstationen auf dem Platz zu erreichen, kommt man zu einem Zeitbedarf von knapp 75 Minuten, um sich stressfrei auf die folgende Runde einzustellen.

Eines sollten Sie bei der Vorbereitung auf die Turnierrunde niemals tun: Üben. Das Herumbasteln am Schwung, die Belastung mit den neuesten Schwunggedanken oder das Rekapitulieren der letzten Trainingseinheit wirkt unmittelbar vor dem Abschlag kontraproduktiv. Versuchen Sie, wie später auf dem Platz, »aus dem Bauch heraus« zu spielen. Suchen Sie Ihren »Schwung des Tages« – und orientieren Sie sich bei dieser Suche am Machbaren. Sollten Sie einen inneren Drang zum Üben verspüren, so sparen Sie sich dies für später auf – nach der Runde ist ein hervorragender Zeitpunkt zum Üben. Schwächen, die sich auf der Runde gezeigt haben, können hier sofort bekämpft werden – die meisten Pro's finden sich nach der Runde nochmals zur Nachbereitung auf der Range ein.

Zeitplan für die Turniervorbereitung am Wettkampftag

Zeit vor dem ersten Abschlag	Inhalt
- 75 min	Ankunft auf dem Golfplatz
- 70 min	Lange Putts üben, um ein Gefühl für die Grüngeschwindigkeit zu bekommen. Entfernung nach jedem Putt ändern!

	Mittlere Putts üben, dabei die Linie vor jedem Putt lesen. Chippen, Entfernung nach jedem Chip ändern.
- 60 min	Aufwärmen: Golfspezifische Aktivierungsübungen zur Vordehnung und Anregung des Kreislaufs.
- 50 min	Pitchen aus verschiedenen Entfernungen, unter anderem Verwendung des Drittel-, Halben- und Zweidrittelschwungs mit den Wedges. Einige Bunkerschläge aus verschiedenen Distanzen.
- 35 min	Lange Schläge auf der Driving-Range. Mit vollen Schwüngen aber geringer Intensität beginnen – Intensität langsam steigern. Pre-Shot-Routine durchlaufen und Ziele anspielen.
- 10 min	Fünf Putts aus der persönlichen 100-Prozent-Entfernung lochen.
- 5 min	An einem ruhigen Ort entspannen (autogenes Training, Meditation, tief durch den Bauch atmen, progressive Muskelentspannung oder Ähnliches), mit geschlossenen Augen persönliche Erfolgserlebnisse visualisieren.
- 2 min	Am ersten Abschlag erscheinen, noch etwas golfspezifisch Vordehnen. Schläger zählen.

Voller Selbstvertrauen, weil optimal vorbereitet abschlagen.

Tipp: Sollten Sie bei der Anfahrt zum Clubhaus an einigen Grüns vorbei kommen, prägen Sie sich die Fahnenpositionen ein – dies hilft insbesondere bei Löchern mit erhöhten Grüns oder bei blinden Schlägen.

Die Turnierrunde

Nun kommen wir zum spannendsten Teil: der eigentlichen Runde. 18 Löcher liegen vor uns. Es gilt, Ruhe zu bewahren und sich vor dem ersten Abschlag nicht aus dem Gleichgewicht bringen zu lassen. Selbst ein weniger guter Start bedeutet nicht, dass die Runde insgesamt schlecht verlaufen muss. Im Allgemeinen wird der erste Abschlag stark überbewertet. Er hat für den Score keine höhere Bedeutung als der dritte oder zwölfte Abschlag. Psychologisch gesehen wird er aber oft als Gradmesser für die gesamte Runde verstanden. Leider ist es schwierig, sich dieser Sichtweise völlig zu entziehen, daher sollte man sich für einen Schläger und eine Schlagvariante entscheiden, die das geringste Risiko in sich birgt und nicht am ersten Abschlag schon alles auf eine Karte setzen.

Scheuen Sie sich nicht, ein Holz drei oder gar ein Eisen zu verwenden. Ein gelungener Schlag mit einem kürzeren Schläger ist effektiver als ein langer Drive, der im Rough oder Bunker landet. Das einzige Ziel beim ersten Abschlag sollte es sein, den Ball mit einer passablen Länge ins Spiel zu bringen. Ist der erste Abschlag überstanden, legt sich normalerweise die Nervosität etwas und man spielt freier, kann also auch anspruchsvollere Schläge spielen.

Was Sie bis jetzt gelernt haben:

- Turnier- und Rundenvorbereitung sind wichtig.
- Erfolge, insbesondere auf einem fremden Platz, entspringen nicht dem Zufall.
- Ein planvolles Hinarbeiten auf eine wichtige Runde zahlt sich aus.
- Der erste Abschlag zählt nicht mehr als jeder andere Schlag. Wenn Sie eine 100 spielen, zählt er nur ein Prozent.

Was Sie an dieser Stelle ausprobieren sollten:

- Halten Sie sich probeweise an den Zeitplan und spüren Sie, wie viel entspannter die Runde beginnt.

Drehen wir die Zeit nochmals um einige Minuten zurück. Welchen Zielpunkt haben Sie sich für Ihren Abschlag gewählt und warum? Oder haben Sie etwa aufgeteet und abgeschlagen, nur um den ersten Abschlag schnell hinter sich zu bringen.

Anhand der folgenden Grafik soll erklärt werden, worauf man bei der Zielorientierung achten sollte:

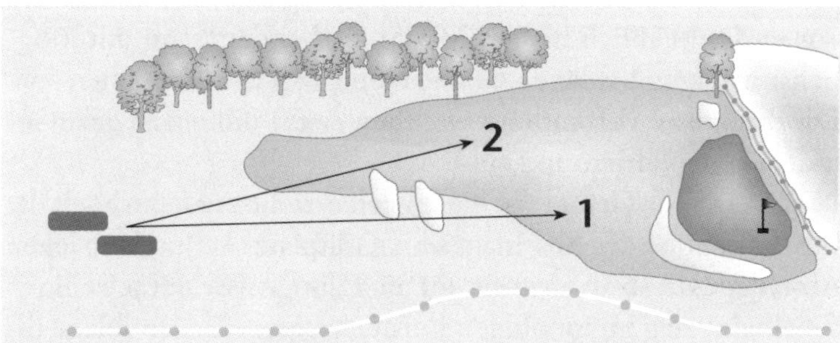

Loch 1: Par 4; Herren: 335 Meter; Damen 315 Meter; Handicap 7

Die Abbildung zeigt ein typisches Golfloch mit sämtlichen Hindernissen: Grün- und Fairwaybunker, Wasserhindernis, Wald sowie eine Ausgrenze und zu allem Überfluss auch noch eine schwierige Fahnenposition direkt hinter dem Bunker. All diese Hindernisse fallen dem ungeübten Spieler beim Betreten des Abschlags sofort beunruhigend ins Auge, aber müssen wir auch wirklich alle Hindernisse beachten?

Spieler eins wählt den direkten Weg zur Fahne. Er versucht einen riskanten Schlag mit dem Holz eins. Für ihn kommen folgende Hindernisse in Betracht:

1. Die auf der rechten Seite der Spielbahn verlaufende Ausgrenze
2. Die zwei Fairwaybunker
3. Das tiefe Rough auf der rechten Spielbahnseite

Der Wald kommt bei seiner Zielausrichtung nicht ins Spiel, daher sollte er ihn auch nicht zu sehr beachten. Konzentriert man sich zu stark auf ein Hindernis, kann es passieren, dass das Unterbewusstsein das Hindernis als eigentliches Ziel ansieht und man den Ball auch noch in diese Richtung schlägt.

Trotz dieser Vielzahl von Hindernissen entscheidet sich Spieler eins für diesen riskanten Schlag, noch dazu am ersten Loch – warum? Viele Spieler lassen sich zu sehr von der Fahne als primärem Ziel im Golf leiten. Sie gibt die Spielrichtung vor und schließlich ist Golf das Spiel, bei dem man mit möglichst wenigen Schlägen vom Abschlag ins Loch kommen soll. Die direkteste Verbindung zwischen zwei Punkten ist eine Gerade, also Spielrichtung eins.

Ein anderer Grund für diese Zielausrichtung kann auch die Beschaffenheit des Abschlags sein. Golfplatz-Architekten legen Abschläge oft so an, dass sie auf die Hindernisse der jeweiligen Spielbahn zeigen, im obigen Beispiel zeigen die Abschläge direkt auf die Bunker. Die Art und Weise wie die Greenkeeper die Abschläge mähen, nämlich in Längsrichtung hat zur Folge, dass man seinen Stand unbewusst diesen Mähspuren anpasst, da eine andere Ausrichtung vom Spieler aus betrachtet ein schiefes Bild (in Relation zu den Mähspuren) ergeben kann.

Welche Erfolgsaussichten hat Spieler eins?

Um die Fairwaybunker zu passieren muss er einen sehr langen Drive schlagen – etwa 180 Meter sind nötig, um den letzten Bunker im Flug zu meistern. Im Falle eines Slices landet der Ball im Rough oder noch schlimmer: jenseits der Ausgrenze.

Gehen wir davon aus, dass es Spieler eins gelingt den Schlag in der gewünschten Form auszuführen. Er überwindet den zweiten Fairwaybunker und hat nun noch ca. 100 Meter zur Fahne. Trotz des hohen Risikos und des guten Schlags ist die Belohnung nicht besonders hoch. Der vor ihm liegende Schlag über 100 Meter muss ebenfalls sehr präzise ausgeführt werden. Er muss einerseits lang genug sein, um den Bunker zu passieren, andererseits darf er auch nicht zu lang sein, um nicht im dahinter liegenden Wasserhindernis zu landen.

Erneut ein sehr anspruchsvoller Schlag. Auch wenn er es schafft den Ball auf das Grün zu schlagen, so hat er immer noch einen Putt schräg zum Gefälle des Grüns vor sich.

Betrachtet man die Strategie von Spieler zwei, stellt sich Loch eins völlig anders dar. Er zielt mit einem Holz drei auf die linke Fairwayseite, genauer gesagt auf den einzelnen Baum vor dem Biotop.

Seine persönlichen Hindernisse sind:

1. Der Wald auf der linken Seite
2. Die Fairwaybunker

Durch seine Strategie hat Spieler zwei die Gefahr eines Schlags ins Aus bereits eliminiert und damit sogar das Hindernis mit den unangenehmsten Konsequenzen – Strafschlag und Distanzverlust – aus dem Spiel genommen.

Auch die beiden anderen Hindernisse fallen nicht so stark ins Gewicht wie bei Spieler eins. Die von Spieler zwei gewählte Landezone ist wesentlich größer, so dass auch ein schlechterer Schlag immer noch gute Chancen hat, auf dem Fairway zu bleiben. Angenommen beiden Spielern gelingen ihre Drives, so hat sich Spieler zwei trotz kürzerer Drivelänge einen Vorteil erarbeitet. Bei der Planung seines Abschlags hat er vorausschauend auch die Fahnenposition einbezogen. Von seiner Ballposition auf dem Fairway lässt sich das Grün wesentlich leichter anspielen: Er muss nicht über die Bunker spielen und hat genug Raum, den Ball zu Fahne hin ausrollen zu lassen. Das Wasserhindernis stellt für ihn keine Gefahr dar, da er sich, um es zu treffen, erheblich in der Schlägerwahl täuschen müsste. Auch der Putt wird einfacher, er verläuft gerade bergauf ohne seitlichen Break.

Trotz höheren Risikos bei allen Schlägen spielt sich das Loch für Spieler eins wesentlich schwerer als für Spieler zwei.

Wägen Sie stets Risiko und Chance gegeneinander ab. Beides muss in einem ausgeglichenen Verhältnis zueinander stehen. Aber auch hohes Risiko bei hoher Chance ist nicht immer der beste Weg zum Ziel. Die Einschätzung der eigenen Stärken- und Schwächen muss stets realistisch bleiben. Als Durchschnittsgolfer sollte man nicht einen 200- Meter-Schlag mit dem Eisen eins über einen Teich mit der Chance auf einen Eagle rechtfertigen.
Setzt man sich selbst zu stark unter Druck, kann dies zu Unsicherheiten führen, die das Gelingen des Schlages keinesfalls unterstützen.

Vorausschauendes Spiel zahlt sich immer aus und ist der Grundstein für späteren Erfolg. In die strategische Planung des Schlags sollten folgende Faktoren eingehen:

Allgemeine Faktoren

Hierzu zählen grundsätzliche Einflüsse auf das Spiel wie zum Beispiel die Temperatur und die Luftfeuchtigkeit. An kalten, nassen Tagen fliegen die Bälle nicht so weit wie an trokkenen Sommertagen. Dies kann im Verlauf der Jahreszeiten dazu führen, dass man am gleichen Par-drei-Loch bis zu zwei Schläger mehr benötigt, um die Mitte des Grüns zu erreichen.

Starken Einfluss auf das Spiel hat auch der Wind. Die Windbeobachtung muss vor jedem Schlag erneut erfolgen, da die Spielbahnen in verschiedene Richtungen verlaufen und der Wind auch in Richtung und Stärke variiert.

Auch der Modus des ausgetragenen Wettspiels (Stableford, Zählspiel, Matchplay) hat Einfluss auf den auszuführenden Schlag, da die Übernahme von Risiko unterschiedlich gefordert und belohnt wird.

Persönliche Faktoren:

Zu diesen Faktoren zählen Ihr derzeitiger Trainingszustand, Ihre mentale Einstellung und Ihr derzeitiges Selbstvertrauen. Auch die Kenntnis Ihrer exakten Schlaglängen bei jedem Schläger ist nötig, um den folgenden Schlag optimal zu planen und voller Selbstvertrauen auszuführen.

Platzspezifische Faktoren:

Die Bodenverhältnisse entscheiden darüber wie weit der Drive rollt und wie schnell ein Ball auf dem Grün stoppt. Bei feuchten Grüns kann man die Fahne direkter anspielen als bei harten, ausgetrockneten Flächen. Ausgetrocknete Fairways sorgen zwar für lange Drives, können dem Spieler aber durch verspringende Bälle auch unangenehme Situationen bescheren. Beides muss in die Planung des Schlags einfließen.

Sie stehen nun auf dem Abschlag und planen, wie Sie das Loch spielen wollen. Die Fahnenposition ist Ihnen durch Beobachtung oder durch die von Sekretariat ausgegebenen Pin-Positions bekannt. Sie ist beim Schlag zum Grün entscheidend – aber durch einen gezielten Drive kann man sich in eine günstige Position bringen, um die Fahne anzuspielen. Eine gezielte Berücksichtigung der Fahnenposition in die eigene Platzstrategie sollte nur von sehr guten Spielern mit hoher Ballkontrolle vorgenommen werden. Ist man nicht in der Lage den Ball gut zu kontrollieren, besteht die Gefahr, Fahnenpositionen am Grünrand das Grün häufig zu verfehlen. Ein in die Mitte des Grüns gespielter Ball ist nie weit weg von der Fahne. Auch bei einer größeren Streuung wird der Ball auf dem Grün zu liegen kommen. Es gilt die Regel: Je kleiner die Grüns sind, desto eher sollte man die Mitte anspielen.

Nun folgt die Beobachtung der Hindernisse, welche sich in der Drivezone befinden. Wie im Beispiel oben beschrieben, müssen Sie sich nicht mit Hindernissen beschäftigen, die sich außerhalb dieser Zone befinden – das lenkt nur unnötig ab. Die für den Schlag zum Grün vorteilhafteste Drivezone kann eventuell von Bunkern gut geschützt sein oder direkt an einem Wasserhindernis liegen. In solchen Fällen muss man abwägen. Welcher Schlag ist anspruchsvoller und bedarf daher mehr Beachtung: der Drive in diese vorteilhafte Zone oder der Schlag zum Grün. Es lohnt sich nicht immer ein hohes Risiko auf sich zu nehmen, um den Abschlag optimal für den Schlag zu Grün zu platzieren.

Sehen Sie die Hindernisse als vom Architekten gewollte Leitlinie zum Ziel an: Sie zeigen, wo man nicht hinschlagen sollte. Gehen Sie bei der Beobachtung der Hindernisse immer von außen nach innen vor und beachten Sie immer nur die Hindernisse, die bei der von Ihnen gewählten Spielvariante ins Spiel kommen können. Betrachten Sie die rechts und links liegenden Wasserhindernisse und Ausgrenzen, dann die an Fairwayrand liegenden Bunker und Roughzonen. In der Mitte liegt das Fairway, welches Sie treffen wollen. Ihr letzter Blick vor dem Schlag gilt dem gewünschten Zielpunkt in der Landezone. Durch diese Zielfokussierung schlagen Sie mit einem Gefühl der Sicherheit ab.

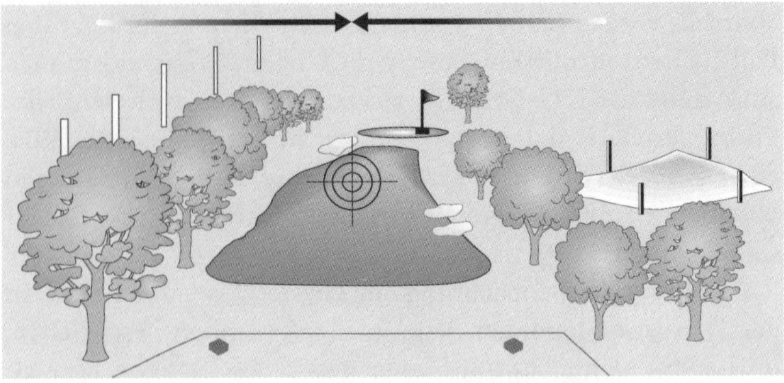

Das Auge lenkt den Schlag

Geht man umgekehrt vor und wandert mit seinem Auge weg vom Fairway hin zu den Hindernissen, führt man den Schlag mit Gedanken auf das Hindernis aus – die Wahrscheinlichkeit ist groß, dieses dann auch zu treffen.

Greifen Sie nicht immer direkt zum Driver. Wenn Sie mit einem Fairwayholz oder einem Eisen abschlagen, werden Sie nicht in den Fairwaybunkern landen, denn diese sind immer in Drivelänge angeordnet. Mit dem nächsten Schlag sollten Sie vor die Grünbunker spielen und dann das Grün mit einem Chip oder Pitch anspielen. Mit dieser Strategie haben Sie die Hindernisse aus dem Spiel genommen. Der verbleibende Chip oder Pitch aus kurzer Distanz eröffnet Ihnen immer noch die Chance auf Par. Gelingt dies nicht, spielen Sie ein stressfreies, ungefährdetes Bogey, was bis zu einem Handicap von 18 auch völlig ausreicht.

Hat man sich für seine Drivezone entschieden, kann man daraus den Punkt ableiten wo man aufteen sollte. Hier gilt: So aufteen, dass man seinen Schlag vom Hindernis wegspielen kann. Liegt das Hindernis rechts, rechts aufteen und umgekehrt.

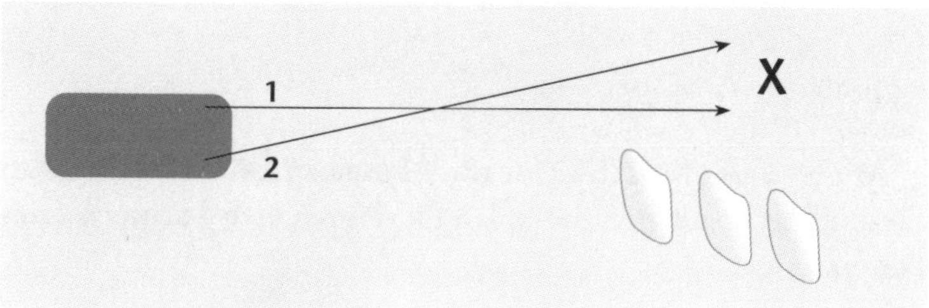

Verschiedene Abschlagvarianten

In der folgenden Spielsituation zielen beide Spieler nahezu auf das gleiche Ziel. Spieler eins teet links auf, Spieler zwei teet rechts auf und zielt etwas mehr nach links. Nur durch diese kleine Änderung in den Anfangsbedingungen gestaltet sich die Spielbahn wesentlich leichter für Spieler zwei: Die Distanz zwischen der gewünschten Flugbahn und den Bunkern hat sich vergrößert. Das Risiko, den Bunker zu treffen ist damit geringer geworden als bei Spieler eins, der bei einem kleinen Slice schon in Bedrängnis kommt.

Auch das Spielen von langen Par-drei-Löchern führt oft zu strategischen Verfehlungen. Folgendes Par drei ist mit einer Länge von 210 Meter und einem tiefen Grünbunker auf der rechten, sowie dem Wald auf der linken Seite ein anspruchsvolles Golfloch mit Handicap drei.

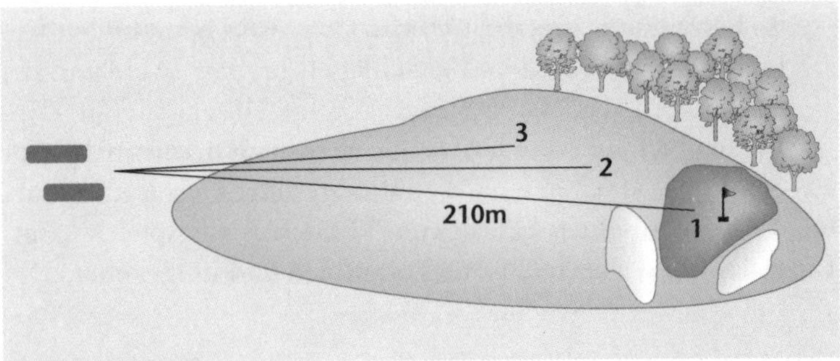

Risiko/Chance Abwägung am Par 3

Angenommen ein Spieler mit Handicap 24 möchte sich an diesem Par drei einen Spielplan für das nächste Turnier ausarbeiten.

Folgende Varianten stehen dem Spieler zur Verfügung:

- ☐ Ein aggressiver Abschlag mit dem Driver (Zielpunkt 1).
- ☐ Ein weniger aggressives Fairwayholz drei/fünf (Punkt 2).
- ☐ Ein defensiver Abschlag mit einem Eisen vier (Punkt 3).

Mit einem Handicap von 24 kann er an diesem Loch folgende Punktzahlen erreichen:

Ergebnis	Schlagzahl	Punkte
Birdie	2	5
Par	3	4
Bogey	4	3
Doppelbogey	5	2
Tripplebogey	6	1

Um ein Birdie oder ein relativ sicheres Par spielen zu können, muss sich der Spieler für die aggressive Schlagvariante mit dem Driver in Zielzone eins entscheiden. Der erhofften hohen Punktzahl steht aber auch das Risiko eines missglückten Abschlags und damit einem Schlag in den Wald oder in den tiefen Grünbunker entgegen. Bei Schlägen aus dem Wald und aus tiefen Bunkern, das wissen Sie selbst, kann alles passieren. Diese Schläge können gelingen, gehen aber auch manchmal völlig daneben. Der verlockend hohen Punktzahl steht somit ein entsprechendes Risiko gegenüber.

Die weniger aggressive Variante mit einem Holz drei oder fünf in Zielzone zwei verschafft dem Spieler nicht die Möglichkeit das Grün direkt zu treffen. Er muss nach dem Abschlag also noch einen Annäherungsschlag auf das Grün spielen. Das Risiko den Wald auf der linken Seite zu treffen ist nicht mehr so groß wie mit dem Driver, aber immer noch vorhanden. Ein Fade, ein leichter Slice oder ein unglücklich springender Ball könnten den Schlag in den Bunker befördern.

Die Abwägung von Risiko und Chance an diesem Loch sprechen gegen die Verwendung eines Fairwayholzes als Alternative zum Driver, denn das Grün kann selbst im Falle eines gelungenen Schlages nicht getroffen werden, aber das Risiko entspricht ungefähr dem des Drivers. An diesem Beispiel sieht man, dass es nicht immer richtig ist bei der Auswahl einer weniger risikofreudigen Variante automatisch zum Fairwaholz anstelle des Drivers zu greifen. Für jede einzelne Spielsituation müssen Risiko und Chance erneut abgewägt werden.

Höhere Erfolgsaussichten liefert in diesem Fall die defensive Spielvariante drei. Die Verwendung eines langen oder mittleren Eisens lässt die Hindernisse Wald und Bunker aus dem Spiel. Der Abschlag mit diesem Eisen sollte eine recht gute Platzierung auf dem Fairway im Bereich der Zielzone drei ermöglichen. Von dort genügt ein kleiner Pitch oder Chip um den Ball auf das Grün zu spielen. Mit etwas Glück fällt der nächste Putt zum Par – andernfalls erreicht der Spieler ein stressfreies Bogey was ihm immerhin noch drei Punkte bescheren wird.

Diese Überlegungen sollten insbesondere die männlichen Golfer in ihre Spielplanung einbeziehen. Das männliche Ego verleitet allzu gerne zum Griff nach dem Driver. Golf ist aber ein Zielspiel, und abgerechnet wird zum Schluss. Ihre überlegte Spielweise wird sich in Ihrem Score niederschlagen und Ihnen helfen, die Trauer über den selten verwendeten Driver zu überwinden.

Diese Überlegungen gelten analog für Par-vier- oder Parfünf-Löcher, die Sie in der regulären Schlagzahl (zwei oder drei) nur mit einem Holz oder einem langen Eisen erreichen können. Spielen Sie solche Löcher eher defensiv und warten Sie geduldig auf Ihre Chancen an kürzeren Löchern.

Auch dieses lange Par vier kann selbstverständlich mit zwei Schlägen erreicht werden. Neben dem Wald und den Roughzonen ist ebenfalls ein Bunker in Drivelänge angeordnet. Spieler mit hohem Handicap oder Unsicherheiten im Umgang mit dem Driver sollten hier ebenfalls auf eine sichere Spielstrategie umsteigen und das Grün in drei Schlägen anspielen. Diese Strategien haben den Vorteil, dass sie das Risiko aus den Abschlägen herausnehmen und die Hindernisse nicht ins Spiel kommen lassen. Die verbleibende Distanz zur Fahne ermöglicht dem Spieler einen präzisen Annäherungsschlag mit einer Außenseiterchance auf Par und einer hohen Chance auf Bogey.

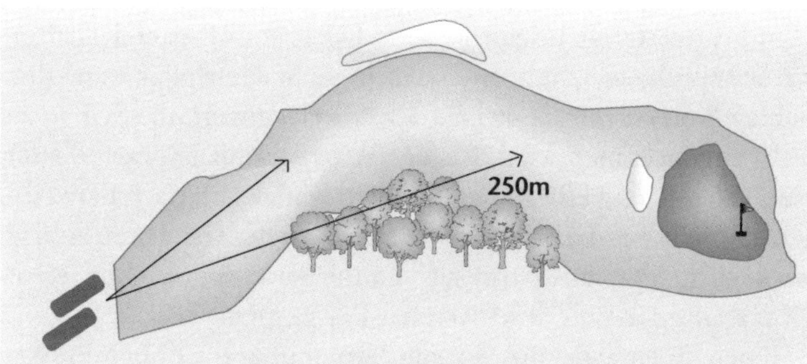

Versuchen Sie, einfaches Golf zu spielen. Entscheiden Sie sich im Zweifel immer für den einfacheren Schlag mit einem Schläger, den Sie beherrschen. Glauben Sie nicht, dass Sie im Verlauf einer Runde alle 14 Schläger in Ihrem Bag benutzt haben müssen. Selbst Pro's tun das nicht. Es gibt eine Turnier-Situation, die klar beweist, dass insbesondere Anfänger ihr Spiel oft zu kompliziert gestalten:

Im Verlauf der Saison werden in vielen Golfclubs so genannte Dreischläger-Turniere veranstaltet, das heißt jeder Turnierteilnehmer darf nur drei Schläger mit auf die Runde nehmen. Die Entscheidung welche drei Schläger er auswählt liegt ganz bei dem Spieler selbst. In der Regel wird ein Eisen vier oder fünf, ein Eisen neun oder ein Wedge und der Putter ausgewählt. Putts können wie gewohnt mit dem Putter ausgeführt werden. Für Abschläge und lange Fairwayschläge wird das Eisen fünf verwendet, gechippt und gepitcht wird mit dem

Eisen neun. Durch die Beschränkung auf diese drei Schläger wird in der Regel der zu verwendende Schläger durch die jeweilige Spielsituation bestimmt. Man muss nicht abwägen, ob man aggressiv spielt oder den Ball vom Tee nur auf das Fairway spielt.

Erstaunlicherweise werden bei diesen Turnieren gerade von den hohen »Handicappern« sehr gute Ergebnisse, oft sogar Handicapverbesserungen erzielt. Dies ist auf zwei Faktoren zurückzuführen. Zum einen kann sich der Spieler auf den Schlag konzentrieren, da ihm, wie bereits gesagt, die Schlägerwahl abgenommen wird. Risikoreiche Abschläge über Wasser oder einen Wald fallen weg und man findet sich nach dem Abschlag meist auf dem Fairway wieder. Mit dem nächsten Schlag wird vorgelegt, um dann zur Fahne zu chippen. Mit etwas Glück fällt der Putt, und man hat Par gespielt.

Doch leider führt die Verwunderung über die hohen Punktzahlen bei der eingeschränkten Schlägerauswahl nicht zu neuen Einsichten: Beim nächsten normalen Turnier werden wieder alle Schläger mit auf die Runde genommen und an jedem Abschlag erneut überlegt, ob es nicht gerechtfertigt wäre, einen Schlag mit dem Driver zu wagen.

Seien Sie klüger und lassen Sie Schläger, die Sie nicht sicher beherrschen, zu Hause. Verlassen Sie sich zumindest während Turnierrunden auf Schläger, die Ihnen ein sicheres Gefühl vermitteln. Ihr Score wird es Ihnen danken.

Der sicherste Weg, in diesen Situationen einen kühlen Kopf zu bewahren ist es, sich an einen zuvor erstellten Spielplan zu halten (s. Kapitel 3).

Sollten Sie sich aber auf Dauer nicht mit dieser defensiven Strategie zufrieden geben wollen oder verlangt Ihr gesunkenes Handicap nach direkterem Anspiel der Fahne, so müssen Sie sich auf diese veränderten Anforderungen einstellen. Dies erfolgt am besten durch einen auf Sie persönlich abgestimmten Trainingsplan.

Was Sie bis jetzt gelernt haben:

- Vermeiden Sie eine Überbewertung des ersten Abschlags.
- Die Fahne ist nicht immer das Ziel.
- Das Auge lenkt den Schlag.
- Durch geschicktes Aufteen kann man den Raum zwischen Zielpunkt und dem Hinderniss vergrößern.

Was Sie an dieser Stelle ausprobieren sollten:

- Wählen Sie für den ersten Abschlag eine Schlagvariante, die den Ball mit einer passablen Länge sicher ins Spiel bringt.
- Führen Sie regelmäßig eine Risiko-/Chanceabwägung durch.
- Betrachten Sie die Hindernisse stets von außen nach innen, sodass Ihr letzter Blick Ihrem Zielpunkt gilt.
- Ignorieren Sie Hindernisse, die nicht ins Spiel kommen.
- Wählen Sie immer einen exakten Zielpunkt aus – vermeiden Sie Schläge ohne genaue Vorstellung bezüglich Ziel und Ausführung des Schlags.

Trainingsplanung

Angenommen, Sie wollen einen persönlichen Trainingsplan entwickeln oder Ihren bestehenden Plan mehr an Ihre persönlichen Bedürfnisse und Entwicklung anpassen, empfiehlt es sich bei einer der nächsten Turnier- oder Privatrunden eine Scorekarte in etwas detaillierterer Form auszufüllen (Im Anhang finden Sie eine ausfüllbare Scorekarte).

Die Aufzeichnungen Ihrer Runde könnten zu einer Auswertung, ähnlich der des Spielers A führen:

Loch	Par	Länge	Schläge	Drives	Fairway	Eisen		Grün	Putts
			Spieler A		getroffen	lang	mittel	getroffen	
1	4	360	5	1	x	1	0		2
2	4	345	5	1	x	0	1		2
3	5	480	6	1		1	0		2
4	3	180	3	0		1	0	x	2
5	4	335	5	1	x	0	0		2
6	3	150	3	0		0	1		1
7	4	330	4	0	x	1	0	x	2
8	4	355	3	1		0	0	x	1
9	5	485	6	1		1	0		3
10	4	385	5	1		1	0		2
11	4	315	5	0		0	1		3
12	3	165	5	0		1	0		3
13	5	440	6	1	x	0	1		2
14	4	420	7	1		0	2		2
15	4	365	4	1		0	1	x	1
16	5	450	5	1	x	0	1	x	2
17	3	170	5	0		1	0		3
18	4	370	5	0		1	1	x	3
72			87	11		9	9		38

Drives (Holz 1, 2, 3)	13%
lange Eisen, Fairwayholz (E1-E4, H4-H9)	10%
Mittlere Eisen (E5 – E8)	10%
Schläge unter 100 m	23%
(Pitch, Chip, Bunker in jeder Form)	
Putts auf dem Grün	44%

Betrachten wir Spieler A

Er hatte an elf Löchern den Driver in der Hand (13 Prozent). Bei Schlägen zum Grün wurde in zehn Prozent der Fälle ein langes Eisen verwendet, und weitere neun Schläge (10 Prozent) wurden mit mittleren Eisen bestritten. 58 Schläge (67 Prozent) wurden auf dieser Runde als Chip, Pitch, Bunkerschlag oder Putt gespielt.

Bei einem durchschnittlichen Trainingsaufwand von zwei Stunden pro Woche würden sich folgende Trainingszeiten ergeben:

Drives:	16 min.	Lange Eisen:	12 min.
Mittlere Eisen:	12 min.	Chip, Pitch etc.:	28 min.
Putts:	53 min.	Unter 100 m (Summe):	81 min.

Vergleicht man diese Aufteilung der Trainingszeit mit dem durchschnittlichen Trainingsplan eines Amateurs treten doch erhebliche Diskrepanzen auf.

Viele Amateure verwenden den Hauptteil Ihrer Zeit auf die langen Schläge. Insbesondere der Driver ist ein beliebtes Übungsgerät. Spieler, die ihn beherrschen, lieben es, unter Bewunderung aller Anwesenden Bälle über den hinteren Zaun der Range zu schlagen. Selbst Spieler, die bei weitem noch nicht über einen soliden, wiederholbaren Schwung verfügen, versuchen sich in dieser Disziplin. Wer träumt nicht davon, auf dem ersten Tee vor den Augen seiner Clubkameraden den Ball 250 Meter weit in Richtung Fahne zu schlagen. In jedem Golfclub finden sich folglich Spieler, die mehr als die Hälfte Ihrer Trainingszeit mit dem Driven verbringen. Fraglich bleibt, nur ob dieser Fleiß auch belohnt wird.

Zugegeben, ein langer gerader Drive ist im allgemeinen für die folgenden Schläge sehr hilfreich, aber normalerweise sind insbesondere anspruchsvolle Golfplätze so konzipiert, dass nicht einmal jeder zweite Abschlag mit dem Driver gespielt werden kann oder sollte. Perfekte Drives finden also in der Realität des Golfalltags keine allzu häufige Anwendung.

Weiterhin muss die Frage gestellt werden, ob es notwendig ist beim Drive solch eine hohe Perfektion anzustreben. Entscheidet sich ein strategisch denkender Spieler für den Driver hat er entweder genügend Platz in der Drivezone oder er erhofft sich einen besonderen Vorteil durch den langen Schlag vom Tee. Im ersten Fall ist nicht unbedingt die höchste Form der Präzision gefragt – im zweiten Fall hingegen schon. Wägt man Chance und Risiko des langen Drives gegeneinander ab, wird man mit höherem Handicap eher zu dem Schluss kommen, einen sicheren Schlag mit einem kürzeren Schläger durchzuführen.

Hauptziel des Abschlags ist es den Ball ins Spiel zu bringen. Weder die exakte Richtung noch eine große Schlagweite sind entscheidend für das Ergebnis am jeweiligen Loch. Eine Streuung vom Tee von plus/minus 15 Meter ist auf einem durchschnittlichen Golfplatz ohne weiteres möglich.

Leider verführt der übermäßige Wunsch nach Länge oft dazu, seinen persönlichen Schwungrhythmus aufzugeben und den Ball zu »prügeln« oder ungewöhnlich schnell zu schwingen. Dieses veränderte Schwungtempo führt leider nur in den seltensten Fällen zu mehr Schlagweite – in der Regel führt ein schnellerer Schwung zu einem Verlust an Rhythmus und Treffgenauigkeit.

Wägt man Chance und Risiko gegeneinander ab, wird man häufig zu anderen Schlägern greifen, da verzogene Drives härter bestraft werden als lange Drives belohnt.

Auch Pro's sieht man oft mit kleinen Hölzern oder Eisen auf dem Tee – Disziplin siegt über Ego – eine Regel, die auch Sie verinnerlichen sollten.

Fazit: Bringen Sie den Ball mit einem Schläger ins Spiel, der Ihnen eine akzeptable Schlagweite bei geringer Streuung verspricht. Auch Pro's sieht man oft mit kleinen Hölzern oder Eisen auf dem Tee – Pro's schlagen zwar längere Bälle mit jedem Schläger, müssen sich aber auch auf extrem langen Plätzen behaupten. Die langfristige Freude an Ihren sinkenden Ergebnissen sollte Ihnen wichtiger sein, als die kurzfristige Freude am langen Drive.

Zurück zur Rundenauswertung von Spieler A: Lange Eisen und Fairwayhölzer werden bei ca. 10 Prozent der Schläge benutzt, wobei mit zunehmendem Alter und zunehmenden Handicap eher zu Fairwayhölzern als zu langen Eisen gegriffen wird. Insbesondere die neuesten Entwicklungen hin zu Holz sieben bis elf haben dazu geführt, dass lange Eisen ihren Platz in der Tasche und auf der Range räumen mussten. Wird die Entscheidung für Fairwayhölzer aufgrund eigener Erfahrungen und Versuche getroffen, ist dies auch in Ordnung. Man sollte nicht blind den Werbestrategen der Schlägerhersteller vertrauen und sein Eisen drei oder vier ohne ausgiebige Probezeit eintauschen.

Hinsichtlich des Trainingsanteils ist zu sagen, dass mit Fairwayhölzer lieber trainiert wird als mit langen Eisen, da Eisen ein sehr genaues Feedback liefern und außerhalb des Sweetspots getroffene Schläge härter bestrafen. Im Falle eines schlecht getroffenen Balles spürt der Spieler unmittelbar unangenehme Vibrationen bis in die Schultergelenke und das bei einer erbärmlichen Schlaglänge.

Da sich lange Schläge im Golf nicht vermeiden lassen, werden Sie sich für eine der angebotenen Alternativen entscheiden müssen. Doch egal ob Holz oder Eisen, diese technisch anspruchsvollen Schläge müssen regelmäßig geübt werden, denn nichts ist unangenehmer, als 160 Meter vor einem gut verteidigten Grün zu stehen und plötzlich von Zweifeln befallen zu werden, weil man dieses Eisen drei das letzte Mal beim Kauf des Schlägersatzes in der Hand hatte.

Nach erfolgreichem Abschlag und langem Eisen rückt das Grün in greifbare Nähe. Die Schläge werden kürzer, Fehler wiegen schwerer. Spätestens bei den mittleren Eisen obsiegt auch beim Amateur der Wunsch nach Genauigkeit über den Drang nach Schlaglänge. Spieler A hatte bei neun Löchern und zehn Prozent der Schläge ein mittleres Eisen in der Hand. Normalerweise werden mit diesen Schlägen die Grüns angespielt. Hohe Präzision sowohl in Länge als auch in Richtung sind Voraussetzung für Handicap-Unterspielungen auf jedem Spielniveau.

Im Trainingsplan eines Durchschnittsgolfers nehmen diese Schläge die Spitzenposition ein. Nicht selten werden Aufwärmschläge ausschließlich mit dem Eisen sieben vollzogen. Und auch bei sonstigen Trainingseinheiten wird oft nur zwischen Eisen sieben und fünf gewechselt. Es ist völlig richtig, Schwungumstellungen mit kürzeren Schlägern zu üben, da diese leichter zu beherrschen sind. Trotzdem ist darauf zu achten, dass diese Gewohnheit nicht dazu führt, dass man auf der Range nur noch das Eisen sieben benutzt. Trotz der Bedeutung der Schläge für den Score finden sie nur bei 10 Prozent der Schläge auf der Runde Anwendung und sind somit im Training übergewichtet.

Betrachtet man die mit zwei Schlägen zurückgelegte Distanz von 300 Meter und mehr, sollten die noch verbleibenden 50 bis 100 Meter kein großes Problem mehr darstellen – weit gefehlt!

Ab einer Entfernung von 100 Meter oder weniger zum Loch kommen die wirklich interessanten Schläger und Schläge ins Spiel. Hier trennen sich wahre Könner von ihren unausgereiften Mitspielern, die nie konstant unter 90 Schläge spielen werden. Abgesehen vom Ergebnis der zuvor gezeigten Auswertung, haben diese Schläge auch eine weitere wichtige Bedeutung für den Score. Ein schlechter Abschlag kann durch gute Recoveryschläge noch ausgemerzt werden. Ein Ein-Meter-Putt, der das Loch verfehlt, steht für alle Zeiten auf der Scorekarte.

Was Amateure immer wieder bei den Professionals bewundern, ist deren scheinbare Begabung, aus einer ausweglos erscheinenden Situation noch ein Par oder sogar ein Birdie spielen zu können.

Egal ob Bunkerschläge, Schläge aus hohem Gras, Schläge, bei denen der Ball im Wasser liegt. Hat es ein Pro wieder einmal geschafft, seinen Kopf in der entscheidenden Situation des Turniers mit Hilfe eines solchen Zauberschlages aus der Schlinge zu ziehen und somit das Turnier doch noch für sich entschieden, werden diese Szenen im Fernsehen ständig wiederholt und sind beliebter Gesprächsstoff bei vielen Amateuren.

Leider bleibt es bei dieser passiven Bewunderung – nur allzu selten wird dies als Ansporn für die eigene Kreativität genommen, selbst einmal auszuprobieren, mit welchen Schlägen man sich aus welcher Situation befreien kann. Scheinbar glauben die meisten Amateure, dass Tiger Woods die Sache mit dem Holz drei als Putter-Ersatz vom Vorgrün beim Turnier zum ersten Mal ausprobiert hat und dann, dank seiner allseits bekannten Begabung, den Ball auch noch einlochen konnte.

Würde man nicht von einer göttlichen Begabung sondern von harter Arbeit und Trainingsfleiß ausgehen, müsste man viel öfter Amateure beim Training beobachten, die zum Beispiel Hangabwärtslagen im Bunker üben oder versuchen, auf welche Arten man den Ball am besten aus dem tiefen Rough bekommt. Doch es scheint bequemer zu sein, Tiger für sein unerreichbares Talent zu verehren, als ihm in seinem Trainingsfleiß nachzueifern.

Diese Kreativität sucht man auf der Driving-Range oft vergebens. Wer den Perfektionismus einiger Pro's kennt, den wird es nicht überraschen, dass solche Zauberschläge die Früchte harter Arbeit und vieler Stunden auf dem Übungsgelände sind.

Also: nicht nur staunen und bewundern, sondern nacheifern.

Bei einer Clubmeisterschaftsendrunde lag ich am 17. Loch mit einem Schlag in Führung, aber leider auch im Bunker. Es handelte sich um eine sehr unangenehme Lage: hangaufwärts in tiefem, trockenem Sand. Da der Bunker eine knapp 5 Zentimeter hohe Kante hatte, kam der Putter nicht in Frage. Glücklicherweise hatte mir mein Trainer eine Schlagvariante gezeigt, die es mir erlaubte, den Ball mit einem lockeren Schlag über die Bunkerkante zu heben – und das auch noch mit genügend Backspin, um den Ball schnell abzubremsen. Ich war von diesem Schlag sehr begeistert – er konnte durchaus ein Par aus einer mehr als unangenehmen Situation retten. Ich übte diesen Schlag regelmäßig, so dass ich ihn mir in dieser turnierentscheidenden Situation auch zutraute. Das Training hatte sich gelohnt: Ich konnte den Ball neben die Fahne spielen und meinem Gegner so noch einen weiteren Schlag abnehmen, was mir letztendlich den Turniersieg sicherte.

Versuchen Sie sich an unangenehmen und unmöglichen Situationen. Probieren Sie verschiedene Schlagvarianten mit verschiedenen Schlägern aus – und denken Sie an Tiger Woods und das Holz vom Vorgrün. Es gibt keine Tabus, nur der Erfolg zählt. Entscheiden Sie sich für die nach Ihrer Meinung erfolgversprechendste Variante und üben Sie diese regelmäßig. Sie werden sehen, wie schnell sich das auszahlt.
Sollten Sie es sich nicht zutrauen, eigene Schlagvarianten zu

entwickeln, fragen Sie Ihren Pro oder einen guten Amateur aus Ihrem Club nach dem einen oder anderen Spezialschlag im Bereich des kurzen Spiels.

Neben dieser eher allgemein abgeleiteten Bedeutung der einzelnen Schlagtypen für Ihren Score, sollten Sie gezielt die Schläge üben, die auf dem jeweils zu spielenden Platz von Ihnen verlangt werden. Anknüpfend an die Ausführungen des vorangegangenen Kapitels bedeutet dies, dass mit sinkendem Handicap auch vermehrt Schläge mit langen Eisen respektive Fairwayhölzern nötig sind, um das Grün in der geforderten Schlagzahl erreichen zu können. Auch das Vorhandensein vieler Bunker auf Ihrem Heimatplatz sollte sich in Ihrem Trainingsplan in einer Übergewichtung dieser Schläge ausdrücken.

Nachdem Sie nun Ihren Trainingsplan erstellt haben und Ihr Training effektiver gestalten konnten, werden Sie feststellen, dass Sie mehr Selbstvertrauen in Ihre ehemals schlechten Schläge bekommen. Diese neu gewonnen Stärken und Ihrer Kreativität zu verdankenden neuen Schlagvarianten können nun in Ihre Rundenplanung einbezogen werden.

Was Sie bis jetzt gelernt haben:

- Die Aufteilung Ihrer Trainingszeit sollte sich an der Häufigkeit Ihrer Schläge auf dem Platz orientieren.
- Die Feinabstimmung erfolgt nach persönlicher Abwägung und den speziellen Erfordernissen des zu bespielenden Platzes.
- Spezialschläge nie zu trainieren, aber auf dem Platz anwenden zu wollen, ist in höchstem Maße riskant.
- Variieren Sie Ihr Training, dies macht es interessanter, abwechslungsreicher und entspricht so mehr der Natur des Golfspiels.

Was Sie an dieser Stelle ausprobieren sollten:

- Analysieren Sie in regelmäßigen Abständen Ihre Scorekarte
- Seien Sie kreativ, probieren Sie auch Schläge aus, die der Durchschnittsgolfer auf der Range nicht übt.
- Setzen Sie sich für jede Trainingseinheit ein Ziel, dies wirkt dem sinnlosen und hektischen Bälleschlagen entgegen.
- Erkennen Sie die Bedeutung des kurzen Spiels – üben Sie Recoveryschläge, Schläge aus unangenehmen Bunkerlagen, Schläge über Wasser und aus dem Wald.

Spielplan für die Runde

Für Pro's gehört es zum täglichen Geschäft, sich auf einen neuen Platz vorzubereiten und nach einigen Proberunden zu überlegen, wie man die bevorstehenden Löcher am besten bewältigt. Hierbei wird für jedes Loch eine bestimmte Vorgehensweise festgelegt, die dann später bei der tatsächlichen Runde auch umgesetzt wird. Der Vorteil eines solchen Spielplans ist die Sicherheit, die er dem Spieler zu geben vermag. Läuft alles wie erwartet kommen immer nur Schläge auf ihn zu, die bereits im Vorfeld geplant und geübt wurden. Anhand eines solchen Spielplans lässt sich auch erkennen, ob auf dem bevorstehenden Platz eher lange Eisen oder eher Hölzer vom Tee gefragt sind. Hat man in seinem Spielplan viele Abschläge mit einem Eisen drei vorgesehen, sollte man sich die Zeit nehmen diese Schläge auf der Driving-Range zu üben. Hat man auf einem Platz viele Schläge unter hundert Meter zu erwarten, kann es sogar sinnvoll sein, einen zusätzlichen Wedge mit auf die

Runde zu nehmen, um diese wichtigen Distanzen besser abstufen zu können.

Ein Amateur hat es in diesem Fall sogar wesentlich einfacher als der Pro, da er den überwiegenden Teil seiner Zeit auf dem Heimatplatz verbringt. Man kennt diesen Platz, hat ihn schon oft gespielt und weiß, was man zu erwarten hat. Auch wenn Sie der Meinung sein sollten, ihren Platz so gut zu kennen, dass Sie auf einen Spielplan verzichten können, so wird das Erstellen eines Spielplans Ihnen trotzdem neue Erkenntnisse bringen.

Oft spielt man Löcher immer in der gleichen Art und Weise ohne dass dies zwingenderweise optimal sein muss. Überlegen sie einmal, besonders bei den Löchern, die Ihnen des Öfteren Schwierigkeiten bereiten, ob nicht eine bessere Spielvariante für dieses Loch existiert.

Entwerfen Sie Ihren persönlichen Spielplan, bei dem Sie unter Berücksichtigung Ihres eigenen Leistungsniveaus für jedes Loch eine optimale Strategie vom Tee zum Grün entwickeln.

Das Ergebnis dieses Spielplans wird Ihnen nicht nur ein sichereres Gefühl geben, da die Schläge nun in eine vorherbestimmte Reihenfolge eingebettet sind, sondern Sie werden auch gezwungen, Ihre »Horror-Löcher« zu durchdenken und möglicherweise neu zu planen.

Beispiel: An einem langen Par vier spielen Sie oft ein Doppelbogey, obwohl Sie normalerweise ein Handicap von 18 realisieren.

Möglicherweise versuchen Sie, bereits auf dem Abschlag zu viel Druck zu machen und wollen die Überlänge des Lochs direkt mit Ihren Drives ausgleichen. Oder Sie versuchen, die nach gutem Abschlag verbleibenden 200 Meter mit einem

Holz Drei zu überwinden, obwohl Sie sich mit Hölzern vom Fairway nicht besonders sicher fühlen. Auch ein Bunker in Drivelänge kann zum Verhängnis werden, wenn man von dort aus noch 190 Meter zur Fahne hat.

Wenn Sie diese langen Par vier Bahnen einfach als Par fünf spielen, können Sie es sich erlauben, mit einem Holz drei oder einem langen Eisen abzuschlagen. Den Bunker in Drivelänge passieren Sie mit dem zweiten Schlag ohne Probleme und haben dann nur noch einen Wedge ins Grün. Aus 100 Meter Entfernung ist auch das schwer verteidigte Grün leichter zu treffen. Mit einem guten Annäherungsschlag hat man immer noch die Chance für Par zu putten und bei zwei Putts haben Sie ein sicheres Bogey gespielt.

Nehmen Sie den schweren Löchern durch planvolles Vorgehen den Schrecken.

Auch lange Par-drei-Löcher verleiten viele Spieler zu riskanten Schlägen mit langem Gerät. Ein Par drei mit über 180 Meter Länge, das auch noch durch Bunker oder hohes Rough geschützt ist, sollte erst ab einem Handicap von unter 15 angegriffen werden. Für alle Spielstärken gilt: ein unverteidigtes, langes Par drei sollte immer mit einem Eisen weniger als von der Länge her nötig angespielt werden. Der kürzere Schläger verleiht Sicherheit – und an solchen Löchern muss man ohnehin keine Schläge gutmachen. Schließt man das Loch entsprechend seiner Spielvorgabe ab, kann man zufrieden sein.

Trotz aller strategischen Vorüberlegungen sollten Sie Ihrer Intuition auf den Platz Gehöhr schenken. Ein Fülle von inneren und äußeren Eindrücken strömt ständig auf Sie ein: Eine sich ändernde Windrichtung, ein steigender Adrenalinspiegel oder das Gefühl für den eigenen Schwung. Eine gerade getroffene Entscheidung oder die dem Spielplan entsprechende Vorgehensweise missfallen Ihnen plötzlich – das angestrebte Gefühl der Zuversicht schwindet. Übergeht man in diesen Situationen seine eigene Intuition, kann dies zu erheblichen Unsicherheiten führen. Versäumt man es, diese Unsicherheiten auszuräumen und verwendet trotz des unsicheren Gefühls den laut Spielplan zu wählenden Schläger, verschafft man sich keine gute Voraussetzung für den nachfolgenden Schlag. Unsicherheiten haben die unangenehme Eigenschaft, im ungünstigsten Moment aufzublitzen und die Konzentration entscheidend zu stören.

Geben Sie sich immer wieder die Gelegenheit, auf Ihre Intuition zu hören. Verlassen Sie sich auf Ihre erste Idee – sie ist meistens die beste.

Verschiedene Spielstrategien bei verschiedenen Wettspielformen

Erfahrene Spieler wissen, dass man im Golf nur gegen den Platz und gegen sich selbst spielt. Dies ist eine Sichtweise, die konsequent durchgehalten, viele Vorteile hat: Man lässt sich weder durch seine Flightpartner noch durch eventuell aufgestellte Scoreboards von seinem persönlichen Spielplan abbringen. Doch leider sieht die Realität oft anders aus – und das auch teilweise zu Recht.

Zählspiel

Das Zählspiel ist die unbeliebteste, weil ehrlichste Spielform. Zugegeben, dies ist etwas boshaft formuliert, scheint aber die Einstellung mancher Spieler zum Zählspielturnier treffend zu charakterisieren. In meinen Augen ist das Zählspiel die gerechteste Form, ein Turnier auszutragen – wenn man sich die Turnierpläne der Clubs ansieht, scheint sie aber leider vom Aussterben bedroht.

Wegen der besonderen Bedeutung jedes einzelnen Lochs für den Gesamtscore sollte man sich einen Spielplan zurechtlegen, der dies entsprechend berücksichtigt. Problematische, schwierige Löcher sollten eher passiv angegangen werden. »Harakiri-Schläge« sind hier nicht gefragt. Andererseits sollte man auch nicht bei einem Par fünf aus lauter Vorsicht mit dem Wedge abschlagen. Wählen Sie vom Tee den Schläger aus der Ihnen bei akzeptabler Länge die größten Chancen eröffnet das Fairway zu treffen. Sie müssen also in folgender Form abwägen: bringen mir die zusätzlichen Meter vom Tee für den folgenden Schlag mehr, als das erhöhte Risiko des längeren und damit riskanteren Abschlags?

Gleichartige Überlegungen sollten Sie anstellen, wenn Sie ein Grün angreifen wollen, oder bei einem Dogleg die Tigerline spielen wollen. Immer dann, wenn Sie bereit sind, erhöhtes Risiko auf sich zu nehmen, sollten die zu erwartenden Chancen wenigstens dem Risiko entsprechen.

Insbesondere beim Zählspiel sollte man sich peinlichst an seinen Spielplan halten und sich nicht am Spiel der Gegner orientieren. Ein guter Start des Mitspielers sollte Sie nicht zu erhöhtem Risiko treiben, die Runde ist erst nach achtzehn Löchern entschieden – seien Sie geduldig und warten Sie ab. Umgekehrt sollte Sie aber auch ein guter Start Ihrerseits nicht zu Leichtsinnigkeiten treiben, denn Fehlschläge werden hart bestraft.

Tipp: Seien Sie geduldig – spielen Sie die schwierigen Löcher passiv und warten Sie auf Ihre Chancen an den leichteren Löchern.

Sollten Sie allerdings, zum Beispiel auf den letzten Löchern, in einem direkten Zweikampf mit Ihrem Flightpartner stehen, kann sich auch in einem Zählspiel eine Matchplaysituation mit entsprechendem Verhalten entwickeln.

Stableford

Stableford ist eine besonders bei mittleren bis hohen Handicaps sehr beliebte Spielform. Schaut man sich die Wettspielkalender der Golfclubs an, scheint sie die einzige (noch) akzeptierte Art, ein Turnier auszutragen.

Stableford ist deshalb so beliebt, weil man Loch für Loch spielt, ohne sich durch ein völlig verunglücktes Loch die ganze Runde zu verderben. Selbst eine zehn an einem Par-drei-Loch (natürlich sollten sie den Ball spätestens nach dem sechsten Schlag aufgehoben haben) kann durch zwei Netto-Birdies wieder ausgeglichen werden. Wie sollte der Spielplan bei einem Stableford-Turnier idealerweise aussehen?

Jedes Loch wird in Punkten abgerechnet. Weniger als Null Punkte können Sie nicht erreichen, das heißt ein Loch hat nur einen begrenzten Einfluss auf Ihr Gesamtergebnis. Misslungene, mit einem Strich abgeschlossene Löcher können durch gut gespielte Löcher ausgeglichen werden.

All diese Voraussetzungen erlauben eine aggressivere Spielweise. Höheres Risiko kann in Kauf genommen werden, da ihm nur ein Teil- und kein Totalverlust gegenübersteht.

Entscheiden Sie sich daher ruhig für etwas risikoreichere Spielvarianten. Greifen Sie Grüns an oder verwenden Sie den Driver, wenn Sie sich gut fühlen.

Kopflos sollten Sie allerdings auch beim Stableford nicht spielen. Wie beim Zählspiel müssen gute Ergebnisse verdient werden – dreimal drei Punkte gefolgt von drei Strichen bedeutet auch beim Stableford ein unterdurchschnittliches Ergebnis und sollte somit nicht Ihr Ziel sein. Wenn Ihre Scorekarte mit Streichergebnisse durchsetzt ist und dies nicht auf mangelnde Technik zurückzuführen ist, sollten Sie Ihre Strategie überdenken.

Matchplay (Lochspiel)

Eine Spielform Mann gegen Mann. Aufgrund seines organisatorischen Aufwandes leider fast ausschließlich für Mannschaftswettspiele und Langzeitwettspiele während der ganzen Saison reserviert.

Strategisch ausgefeilte Spielpläne kommen hier nur bedingt zum Einsatz: schlägt der Gegner bei einem 200-Meter-Par-drei den Ball an die Fahne, erübrigt sich jedes Vorlegen mit einem kurzen Eisen, da man nicht davon ausgehen kann, dass der Gegner drei Putts braucht.

An diesem Beispiel sieht man, dass der Wettkampf nur am jeweils zu spielenden Loch und gegen den jeweiligen Gegner ausgetragen wird. Anders als beim Zählspiel spielen Sie nicht gegen den Platz oder sich selbst, hier werden direkte Reaktionen auf das Spiel Ihres Gegners erwartet. Schlägt der Gegner zuerst ab, so muss man auf den Abschlag reagieren. Schlägt man selbst zuerst ab, kann man mit einem sicheren Schlag den Ball ins Spiel bringen oder mit einem langen geraden Abschlag den Gegner unter Druck setzten und eventuell zu einem riskanten Schlag zwingen.

Hat der Gegner seinen (Ab-) Schlag in den Wald, ein Biotop oder das Aus befördert, muss der eigene Schlag zwingend im Spiel gehalten werden, notfalls mit einem kurzen Eisen.

Machen Sie sich bei Ihrer Turniervorbereitung mit verschiedenen denkbaren Situationen vertraut und üben Sie im Vorfeld zum Beispiel Abschläge mit mittleren Eisen (wenn Ihr Gegner in den Wald geschlagen hat) oder spielen Sie an einem Dogleg die Tigerline, nur um zu prüfen welcher Schläger sich am Besten dafür eignet.

Erfahrungen im Lochspiel lassen sich nicht auf der Range sammeln. Nutzen Sie die Chance, an möglichst vielen Lochspielen teilzunehmen – es ist eine interessante Spielform, die sich nur in der Praxis üben lässt.

Turniernachbereitung

Wie schon erwähnt sollte man das Einschlagen und Aufwärmen unmittelbar vor einer Runde nicht zum Üben oder zu Veränderungen des eigenen Schwungs verwenden. Die Verunsicherung wäre zu groß und es ist unwahrscheinlich, dass unmittelbar vor der Runde geänderte Verhaltensweisen während der Runde zuverlässig abrufbar sind. Normalerweise kommt der Einbruch recht bald, selbst wenn man sich auf der Range mit der Veränderung noch sicher gefühlt hat.

Kann man aber nach der Turnier- oder Privatrunde den inneren Schweinehund überwinden und nochmals die Range besuchen, wird man feststellen, dass es sich hierbei um die effektivste Form des Übens handelt.

Zum einen ist man bereits warmgespielt, kann also direkt mit dem Üben beginnen, zum anderen sind die Eindrücke der zurückliegenden Runde noch frisch und man kann gezielt Probleme, die sich mit dem eigenen Schwung oder einem bestimmten Schlag ergeben haben, angehen.

Hatte man beispielsweise Probleme, den Ball aus dem Bunker zu bekommen oder kurze Putts zu lochen, so sollte man dies solange üben, bis man mit den Ergebnissen zufrieden ist. Abgesehen vom reinen Trainingseffekt dieser Rundennachbereitung verhindert ein sofortiges Üben und Bekämpfen der Schwäche auch das Entstehen von Angstzuständen. Ähnlich einem Skifahrer, der nach einem Sturz sofort wieder auf die Piste sollte, verhindert das sofortige Lochen einiger kurzer Putts das Festsetzen negativer Gedanken, doch dazu mehr in Kapitel vier.

Die richtige Ernährung

Viele Spieler haben schon oft unerklärliche Schwierigkeiten an den Löchern 14 bis 16 gehabt. Oft wird die Begründung für das schlechte Spiel im Schwierigkeitsgrad der Löcher selbst gesucht. Schnell entsteht eine Art »Amen Corner«* , welches sich mit objektiven Maßstäben aber nicht nachvollziehen lässt.

Befragt man die Spieler nach Ihren Essgewohnheiten, lassen sich daraus schnell mögliche Erklärungen für die Leistungseinbrüche im Bereich der oben genannten Spielbahnen finden.

Vor der Runde wird noch gefrühstückt, was dem Körper einige Energiereserven bereitstellt. Im Verlauf der ersten neun Löcher werden diese Reserven aber weitestgehend aufgebraucht – sowohl die Nährstoffe, die unser Körper benötigt, als auch die Energielieferanten für unseren Geist werden immer knapper. Sollte eine Rundenverpflegung am neunten Loch bereitstehen, kann diese den Nährstoffmangel nur bedingt ausgleichen. Oft werden Schokoriegel und Traubenzucker bevorzugt. Dies liefert dem Körper kurzfristig Energie – reicht aber nicht für die restlichen neun Löcher aus. Beginnt der Energiepegel erst einmal wieder zu sinken, geschieht dies im Normalfall sehr rasch und zunächst vom Spieler völlig unbemerkt.

In der Mitte der zweiten Neun kommt es dann zu dem oben beschriebenen Leistungsabfall, der zu körperlichen Schwächen und Unkonzentriertheiten führt. Der Schwungradius

** eine bestimmte Abfolge von Löchern auf den zweiten neun des berühmten Augusta Ntional Golfclubs auf dem alljährlich das erste Majorturnier des Jahres, die Masters, ausgetragen werden. Diese Löcher sind schwer zu spielen und haben oft zu Favoritenstürzen geführt.*

wird verkürzt, die Drehung auf ein bequemes Maß zurückgeführt und man schlägt gedankenlos, ohne sich ein klares Ziel zu setzen.

Im Bereich des 16. bis 18. Lochs kehrt die Konzentrationsfähigkeit oft zurück, da es dem Ende der Runde entgegen geht und man durch eine erhöhte Adrenalinausschüttung wieder wachgerüttelt wird. Erfahrungsgemäß wird den letzten Löchern eine höhere Bedeutung für das Gesamtergebnis der Runde beigemessen.

Auch die Flüssigkeitsaufnahme erfolgt meist nicht entsprechend den körperlichen Anforderungen. Oft sind die Spieler zu bequem, sich Getränke in ausreichender Menge mit auf die Runde zu nehmen. Am neunten Loch wird dann, insbesondere an warmen Tagen, mehr getrunken als der Körper in diesem Moment in der Lage ist aufzunehmen. Dies führt häufig zu Seitenstechen oder ein dem Allgemeinbefinden abträgliches Völlegefühl.

Versuchen Sie, regelmäßig Nahrung und Getränke, am besten in kleinen Portionen verteilt über die ganze Runde, aufzunehmen. Greifen Sie lieber zu Bananen oder Obst und trinken Sie stilles Wasser oder eine selbst gemischte Apfelschorle (an warmen Tagen mindestens zwei Liter).

Realistisches Training

Perfektes Training führt zu perfekten Ergebnissen. Überprüfen Sie Ihre Trainingsgewohnheiten auf der Driving Range während einer normalen Übungseinheit und während der Aufwärmphase für eine Runde.

Entsprechen Ihre Gewohnheiten den Anforderungen, die später im Verlauf der Runde auf Sie zu kommen?

Wechseln Sie regelmäßig den Schläger – wechseln Sie von

Zeit zu Zeit vom Driver zum Wedge und umgekehrt – so wie es auch auf der Runde geschieht? Setzen Sie sich innerhalb Ihrer Trainingseinheiten regelmäßig Ziele, die Sie anspielen wollen – so wie es auch auf der Runde geschieht?

Putten und Chippen Sie von Zeit zu Zeit nur mit einem Ball immer zu neuen Fahnenpositionen. Der Putt oder der Chip kann nicht schnell noch einmal mit einem zweiten oder dritten Ball nachgebessert werden. Jeder Putt oder Chip zählt – so wie er auch auf der Runde zählt!

Fügen Sie in Ihre Übungseinheiten immer wieder Trainings- und Zielspiele ein, die alle Anforderungen, welche die spätere Runde an Sie stellt, möglichst detailgetreu nachbilden.

Zusammenfassung

Verbesserungen des persönlichen Spiels sind auch ohne Ausweitung der bisher aufgewendeten Trainingszeit möglich. Folgende Punkte sollten Sie beachten:

- Analysieren Sie regelmäßig Ihre Stärken und Schwächen.
- Entwickeln Sie auf dieser Grundlage einen Runden- und einen Trainingsplan und passen Sie beide regelmäßig an.
- Bereiten Sie sich auf bevorstehende Turniere vor.
- Gestalten Sie Ihre Übungseinheiten so, dass sie den Anforderungen des Golfplatzes entsprechen, das heißt: Üben Sie die erforderlichen Schläge, machen Sie Pausen während Sie Bälle schlagen, wechseln Sie regelmäßig den Schläger, durchlaufen Sie Ihre Routine (Kapitel vier).
- Überprüfen Sie vor der Runde immer Ihre Ausrüstung und Ihre Verpflegung.

Es genügt nicht, gute geistige Anlagen zu besitzen. Die Hauptsache ist, sie gut anzuwenden. René Descartes

DIE MENTALE SEITE

»Golf is played between your ears«

Dieses alte, unter Golfern bekannte Sprichwort beinhaltet mehr Wahrheit als man auf den ersten Blick vermuten könnte. Es bringt zum Ausdruck, dass man, ganz gleich wie ausgereift die technischen Fertigkeiten des Spielers auch sein mögen und wie strategisch das Training und die Runde geplant wurden, erst der Kopf und die Gedanken den Weg zu einer gelungenen Runde freigeben müssen.

Warum gelingt es nicht, die im Training geübten Schläge in der gleichen Lockerheit und Selbstsicherheit auf dem Platz auszuführen? Wieso befallen uns im Verlauf einer Runde immer wieder Gefühle von Unsicherheit oder sogar Angst? Warum sind viele Spieler vor Turnieren so nervös, dass der erste Abschlag mit einem Puls von über 180 Schlägen pro Minute betreten wird? Wieso begegnen uns Phänomene wie »Wettkampfspieler«, »Trainingsweltmeister«, »Lieblingslöcher« oder »Horrorlöcher«?

Antworten auf diese Fragen müssen im weiten Feld des mentalen Bereichs des Spiels gesucht werden.

Sollten Sie an dieser Stelle etwas skeptisch werden und sich fragen, ob das kommende Kapitel noch interessant für Sie sein kann, so lassen Sie sich versichern, dass dieses Kapitel das alles entscheidende in diesem Buch ist. Der mentale Bereich entscheidet mehr als alle übrigen Einflussgrößen, wer ein guter Golfer ist, bleibt oder wird.

Ich habe in den letzen neun Jahren achtmal die Vereinsmeisterschaft in meinen Heimatclub gewinnen können. In jedem Jahr hatte ich Mitspieler, die ein besseres oder zumindest gleich gutes Handicap vorzuweisen hatten. Teilweise spielten Sie auch schon viel länger oder viel häufiger Golf. Trotzdem ist es mir immer wieder gelungen, diese erfahreneren und trainingsfleißigeren Spieler mit mehr oder weniger großem Vorsprung hinter mir zu lassen. Nach der Siegerehrung gratulierten mir viele der regelmäßigen Spieler (die ja genau wissen wie oft man auf dem Golfplatz ist) und fragten mich nach meinem »Geheimnis«.

Dieses »Geheimnis« soll durch die Erläuterungen und Beispiele in diesem Kapitel gelüftet werden, und ich möchte Ihnen ebenfalls zu einer überlegenen mentalen Einstellung verhelfen, die Sie auf dem Weg zur vollen Erfaltung Ihres golferischen Potentials den entscheidenden Schritt weiterbringen soll.

Bestandteile des mentalen Bereichs

Der Mensch vermag kaum zu begreifen, was der Körper und noch weniger, was der Geist ist, und am allerwenigsten, wie ein Geist mit einem Körper verbunden sein kann. — *Blaise Pascal*

Haben Sie sich jemals Gedanken darüber gemacht, wer Ihre Handlungen steuert? Wahrscheinlich werden Sie sagen: »Ich selbst steuere selbstverständlich meine Handlungen«. Dies ist zwar richtig, dennoch etwas ungenau. Handeln Sie bewusst oder unbewusst?

Nehmen wir Ihre letzte Autofahrt: können Sie sich noch an jede Ampelanlage, die Sie überquert haben erinnern? Können Sie sagen ob Sie vier, fünf oder sechs Fußgängerüberwege passiert haben? Wahrscheinlich nicht. Ich vermute dass Sie noch nicht einmal bewusst wahrgenommen haben, ob die Ampel grün oder Rot anzeigte, ob Sie fahren durften oder nicht. Eine ehrliche Antwort müsste daher lauten: »Ich kann mich nicht mehr bewusst an jede Ampel erinnern, gehe aber davon aus, dass ich nur bei Grün gefahren bin und keinen Fußgänger gefährdet habe«.

Haben Sie während der Lektüre der letzten Abschnitte dieses Buches Ihrem Herz den Befehl gegeben zu schlagen, Ihren Augen zu blinzeln oder Ihrer Lunge Sauerstoff aufzunehmen? Natürlich nicht. Diese Vorgänge laufen automatisch – also unbewusst – ab. Bedenkt man wie vergesslich manche Menschen sind ist dies auch gut so.

Was für unser tägliches Leben gilt, gilt auch für alle anderen Bereiche unseres Lebens: Immer wenn eine Bewegung oder Handlung schon sehr oft ausgeführt wurde, schalten wir auf »Autopilot« und überlassen unserem Unterbewusstsein die Regie. Aber auch in neuen ungewohnten Situationen sind wir oft Opfer unserer etablierten Bewertungs- und Verarbeitungsprogramme. Diese Programme sind teilweise von unserer genetischen Disposition, andererseits von unserer persönlichen Entwicklung abhängig.

Insbesondere Golfanfänger sind aufgrund Ihrer mangelnden Spielpraxis noch weit entfernt von einem Zustand des automatischen Entscheidens und Handelns auf dem Golfplatz.

Trotz der Komplexität der verschiedenen Bewegungsabläufe des Golfschwungs ist ein gutes Gelingen des Schlages von der unbewussten Steuerung und Koordination der Bewegungen abhängig. Die Gewichtsverlagerung, die Hüftrotation, die Schulterdrehung, der Durchschwung, das Setzen und Lösen der verschiedenen Körperwinkel – all dies findet innerhalb einer Sekunde statt. Unmöglich, dies alles mit bewusst gegebenen Befehlen zu steuern und gleichzeitig noch zu atmen, seine Haare und Fingernägel wachsen zu lassen und zusätzlich den Snack vom neunten Grün zu verdauen.

Wenn also derart viele Dinge unbewusst, also ohne bewusst gegebene Anweisungen ablaufen, muss unser Bewusstsein einen starken Verbündeten haben, der diese Aufgaben korrekt und in Windeseile erfüllt.

Dieser Verbündete ist das Unterbewusstsein – dem Bewusstsein treu ergeben und mit einer noch nicht endgültig erforschten Handlungsgeschwindigkeit und Leistungsfähigkeit ausgestattet.

Albert Einstein, der dem Durchschnittsmenschen nur eine zehnprozentige Ausnutzung seines geistigen Potenzials attestierte, deutete damit schon recht früh auf die Macht des Unterbewusstseins hin.

Zur Veranschaulichung wird oft folgendes Bild bemüht: der menschliche Geist gleicht einem Eisberg – ein Siebtel ist sichtbar (Bewusstsein), 6 Siebtel bleiben unsichtbar (Unterbewusstsein).

Alle Handlungen werden, auch wenn Sie vom Bewusstsein gewünscht werden, vom Unterbewusstsein ausgeführt. Dies bedeutet, dass man die Arbeitsweise und das Zusammenspiel dieser beiden Teile unseres Geistes verstehen muss, um sich Ihrer Kraft auch bedienen zu können.

Bewusstsein und Unterbewusstsein

Achte auf Deine Gedanken, denn sie werden Worte.
Achte auf Deine Worte, denn sie werden Handlungen.
Achte auf Deine Handlungen, denn sie werden Gewohnheiten.

Achte auf Deine Gewohnheiten, denn sie werden Dein Charakter.
Achte auf Deinen Charakter, denn er wird Dein Schicksal.
Talmud – Sammlung der Lehren des nachbiblischen Judentums

Achte auf Deine Gedanken, denn sie werden Dein Schiksal. Viele Menschen glauben nur an bewusste Erlebnisse, gehen davon aus, dass alles in Ihrer Hand liegt, dass alle Ihre Funktionen und Handlungen von Ihnen bewusst gewollt und gesteuert sind.

Wie aber bereits in der Einleitung beschrieben ist unser Körper sehr komplex. Schon die lebenserhaltenden Funktionen sind äußerst vielschichtig. Wer schon einmal in einer Intensivstation war und gesehen hat, welches Instrumentarium notwendig ist, um nur die Kreislauffunktionen aufrecht zu erhalten, gewinnt einen Eindruck, welchen Supercomputer jeder von uns sein eigen nennen darf.

Wollen Sie zu Fuß von A nach B laufen, müssen Muskeln bewegt, Gelenke gebeugt und Bänder gedehnt werden. Der Körper muss atmen, das Herz schlagen, Haare wachsen. Gleichzeitig müssen unsere Sinne die Außenwelt auf mögliche Gefahren abtasten und unser Verhalten an sich verändernde Umweltbedingungen anpassen. Und dies alles zur gleichen Zeit.

Stellt man sich den menschlichen Körper als eine Maschine vor und überträgt die Aufgaben, die normalerweise unser Gehirn leisten muss, einem Team von Experten, so könnte sich der Fußmarsch von A nach B folgendermaßen darstellen:

Eine Spezialeinheit von Spähern erkundet die nähere Umgebung und den Bereich zwischen A und B. Gleichzeitig bedienen einige Funker verschiedene Richtmikrophone und Radarschirme, um mögliche Angreifer oder sonstige Gefahren rechtzeitig erkennen zu können. Ein Ingenieurteam berechnet die Steigung und die Unebenheiten des zu bewältigenden Weges. Physiotherapeuten und Mediziner legen die zu kontrahierenden Muskelgruppen fest. Weitere Ingenieure berechnen den zu erwartenden Sauerstoff- und Energiebedarf.

All diese Spezialteams sind minutenlang mit der Bewältigung der Ihnen aufgetragenen Aufgaben beschäftigt. Um eine koordinierte Bewegung zu erreichen, müssen die gefundenen Informationen und die berechneten Parameter noch an ein Entscheidungsgremium weitergeleitet werden, das die einzelnen Einheiten unter Berücksichtigung langjähriger Erfahrung instruiert und den letztendlichen Marschbefehl gibt.

Sie sehen also, dass bereits die Überwindung einer kurzen Strecke einen riesigen Mitarbeiterstab voraussetzt und selbst dann würde dieser ferngesteuerte Mensch wahrscheinlich nach dem ersten Schritt hinfallen, da der Gleichgewichtssinn immer noch nicht ganz erforscht ist.

Ersetzt man diesen Stab von Spezialisten wieder durch unser menschliches Gehirn stellt sich die Situation wesentlich unkomplizierter dar: Das Bewusstsein entschließt sich dazu, von A nach B zu laufen. Alle anderen Funktionen laufen automatisch ab. Fehlende Daten werden mit großer Geschwindigkeit, ohne die Gefahr von Fehlinformationen aufgenommen und übertragen. Augen und Ohren scannen ohnehin ständig die Außenwelt ab, Herz und Lunge arbeiten einwandfrei. Ein eventueller Sauerstoffmehrbedarf wird ohne große Anmeldungen und Beauftragungen reibungslos gedeckt.

Offenbar werden diese komplizierten Aufgaben vom Unterbewusstsein ohne größere Schwierigkeiten und noch viel entscheidender: *ohne zeitliche Verzögerung* ausgeführt.

Diese enorme Geschwindigkeit, mit der unsere Körperfunktionen gesteuert werden, begründet sich aus der direkten Kommunikation zwischen dem Unterbewusstsein und dem übrigen Körper. Das Unterbewusstsein versteht und spricht sozusagen die Sprache des Körpers und benötigt keinen zeitraubenden Übersetzer.

Leider ist bei den meisten Trainerstunden ein Ablauf zu beobachten, der aber genau diese Möglichkeit der bewussten Einflussnahme unseres Gehirns auf unseren Körper voraussetzt. Die elegantere und wesentlich direktere Steuerung unseres Körpers mittels unseres Unterbewusstseins wird nur selten anerkannt und gefördert.

Im Verlaufe einer Trainerstunde gibt der Trainer seinem Schüler etwa folgende Anweisung: »Drehen Sie Ihre Hüfte um 45 Grad, verlagern Sie Ihr Gewicht zu 90 Prozent auf den rechten Fuß oder bringen Sie den Schläger in eine waagerechte, zum Ziel zeigende Position.«

Anhand oben genannter Ausführungen zur Steuerung des Körpers werden Sie einsehen, dass es dem Schüler kaum möglich sein wird, alle Anordnungen unmittelbar umzusetzen. Auch die ständigen Wiederholungen und Korrekturen wie: »noch etwas steiler«, »noch 10 Prozent mehr Gewichtsverlagerung« etc. wird der Schüler nur schwierig ausführen können und ihn nur sehr langsam seinem Ziel näher bringen.

Oft führen ständige Ermahnungen des Trainers und die eigene Unfähigkeit, die einfach klingenden Anweisungen präzise umzusetzen, zu Verkrampfungen und Frustrationen, die dem Lernerfolg im Wege stehen.

Wo liegt das Problem? Wir können einerseits unseren Körper steuern – wir können atmen, laufen und sogar eine einmal erlernte Schlagtechnik wiederholen. Dies bedeutet, dass es uns auf eine verborgene (unbewusste) Weise möglich ist unseren Körper zu kontrollieren. Wir lernen ständig neue Bewegungen. Unser Gehirn kennt also den Befehlscode der zur Steuerung unseres Körpers notwendig ist. Solange es aber noch nicht gelungen ist, diesen Code zu knacken, also dem Körper direkt Befehle in seiner eigenen Sprache zu geben, werden wir beim Erlernen neuer oder geänderter Bewegungen Umwege beschreiten müssen.

Der Lernerfolg nimmt normalerweise mit steigender Theoretisierung der Inhalte und steigendem Alter des Schülers ab. Die Auswirkungen des steigenden Alters haben weniger mit dem Alter an sich, als mit der gesellschaftlichen Einflussnahme, der man täglich ausgesetzt ist zu tun. Betrachtet man Kinder beim Erlernen einer körperlichen Bewegung stellt man eine viel natürlichere Art und Weise im Umgang mit dem eigenen Körper fest. Die ersten Schritte werden in einem Alter unternommen, in dem Kinder noch nicht sprechen können. Eine Anleitung durch Erwachsene in Form von: »rechten Fuß in einem Winkel von 30 Grad auf den Boden aufsetzen, Gewicht mit Bein und Fußmuskulatur abrollen, wenn der rechte Fuß voll auf dem Boden ist, den linken Fuß über die Zehenspitzen abrollen und vom Boden abheben – Gleichgewicht halten« ist also nicht möglich. Dies ist auch gut so, sonst würden wir wahrscheinlich mit 8 Jahren noch nicht richtig laufen können (stellen Sie Ähnlichkeiten mit Ihrer Trainerstunde fest?).

Kinder scheinen noch diesen Körpercode zu sprechen, sie machen Erfahrungen, bringen den Körper in verschiedene Positionen und experimentieren solange, bis Sie einen Weg gefunden haben, Ihren Körper zu kontrollieren. Da sie dies noch völlig ohne Druck von außen tun, lassen Sie sich alle Zeit, die Sie benötigen, um durch Versuche ein optimales Vorgehen zu erzielen. Jede Bewegung wird von einer Rückmeldung begleitet und durch viele Versuche wird erkannt, welche Körperhaltung zu welchem Zeitpunkt nötig ist, um zur gewünschten Bewegung zu gelangen. Der Körper sendet ständig Signale aus. Für diese Signale müssen wir wieder empfindsamer werden, um schnellere Lernerfolge erzielen zu können.

Denken Sie in Zukunft an ein Kleinkind, das mit weit offenen Augen sein Umfeld förmlich in sich aufsaugt – es ist bereit, jede Erfahrung zu machen und verknüpft ständig seine Sinneseindrücke mit seinen Erlebnissen. Spielen auch Sie in Zukunft Golf mit offenen Augen und wachen Sinnen seien Sie bereit für neue Sinneseindrücke – speichern Sie das gute Gefühl eines gelochten Putts. Wie hat sich der Schlag angefühlt – was war anders und vielleicht besser als sonst? Haben Sie gehört, wie der Ball ins Loch gefallen ist?

Ein Hauptgrund, warum Kinder diese Sensibilität besitzen und wir Erwachsene nicht, besteht darin, dass Erwachsene im Normalfall die Fähigkeit verlieren nur im Hier und Jetzt also in der Gegenwart zu leben. Ist man mit seinen Gedanken bereits am nächsten Abschlag oder noch beim ausgelassenen Putt des vorletzten Lochs, sind die Sensoren mit diesen nicht zum Augenblick passenden Gedanken blockiert. Dadurch nehmen wir uns nicht nur die Möglichkeit, aus unseren gegenwärtigen Empfindungen zu lernen, sondern versäumen auch uns an ihnen zu erfreuen. Dazu später mehr.

Die direkte Steuerung meines Körpers ist mir in einer Phase der Schwungumstellung trotz größter Anstrengungen ebenfalls nicht gelungen: Mein Problem war es, dass sich meine Knie im Schwungverlauf zu sehr annäherten und sich fast berührten. Alle Erklärungsversuche meines Pro's führten zwar zu der Einsicht, dass durch diese unerwünschte Bewegung mehrere Folgeprobleme entstehen, die meine Ballkontrolle vermindern, hatten aber nicht zur Folge, dass ich meine Knie stabilisieren konnte. Mir fehlte der Befehl: Gehirn an Knie, Abstand nicht zu stark verringern.

Nach zahllosen, teilweise frustrierenden Versuchen, Kontrolle über meine Beine zu erlangen, klemmte mir mein Pro einen Wasserball zwischen die Knie. Durch dieses Hilfsmittel konnten sich meine Knie nur noch begrenzt annähern. Bei jedem Schwung bekam ich eine Rückmeldung von meinem Körper über die genaue Position der Knie. Diese Rückmeldung wurde mit meinem gesamten Schwunggefühl bei dieser Kniestellung gekoppelt und durch genaues Beobachten mit der Reaktion auf den Ballflug verknüpft.

Diese Sinneseindrücke gaben mir sehr schnell ein Gefühl, bei welcher Kniehaltung welcher Ballflug zu erwarten ist. Wie durch ein Wunder gelang es mir sehr schnell, meine Knie auch ohne Ball stabil zu halten.

Über den Umweg des Wasserballs konnte ich den Gefühlszustand der korrekten Kniehaltung spüren, abspeichern und wieder herstellen. Dies ist zwar nicht das Gleiche wie eine bewusste Anordnung an die Knie, sich in dieser Form anzuordnen, führt aber zum gleichen Ergebnis.

Sie sehen also: Man muss seinem Unterbewusstsein die Chance geben, die gewünschte Schwungänderung aufzunehmen. Der Körper fühlt sozusagen den geänderten körperlichen Ablauf und entwickelt eine Art »Muskelgedächtnis«. Diese Wahrnehmungen werden wiederum abgespeichert und können abgerufen werden. Der Vorteil: die Abspeicherung erfolgt in einem vom Körper verständlichen Code – nämlich durch das eigene Körpergefühl im Schwungverlauf. Die Speicherung erfolgt nicht artfremd in Worten deren Umsetzung mehr oder eher weniger gut gelingt.

Der bekannte Psychologe Dr. Joseph Murphy vergleicht das Bewusstsein mit einem Gärtner und das Unterbewusstsein mit einem fruchtbaren Gartenboden. Alles was der Gärtner pflanzt gedeiht in vorzüglicher Weise. Pflanzt man Erbsen, so wachsen wohlschmeckende Erbsen. Pflanzt man Rosen, so wachsen wohlriechende Rosen.

Traumhafte Zustände werden Sie sagen – wieso verläuft dann unser Leben nicht viel positiver und so wie wir es wollen?

Leider ist unser allmächtiges Unterbewusstsein ein Riese mit dem Gemüt eines Kindes. Es hat keinerlei Filter, keinerlei Möglichkeit, eintreffende Kommandos zu bewerten, um somit nur die positiven Befehle auszuführen. Das Unterbewusstsein vertraut seinem Bewusstsein blind und geht davon aus, dass es die richtigen Befehle bekommt. Unsere Sprache hat sich erst im letzten Abschnitt der Evolution entwickelt. Das Aufnehmen und Verarbeiten von Bildern war schon Reptilien und den ersten Säugetieren möglich. Unser Gehirn hat sich aber auf dieser Grundlage entwickelt.

Die Art und Weise wie es funktioniert hängt ebenfalls mit der Evolution zusammen: Bilder haben eine starke Wirkung auf das Gehirn. Das menschliche Gehirn ist es gewohnt, in Bildern zu denken: Ein Bild sagt eben mehr als tausend Worte. Denken Sie zum Beispiel unmittelbar vor einem Schlag über ein Wasserhindernis nicht an das gegenüberliegende Fairway, sondern an das Wasserhindernis selbst (oder an einen Schlag ins Wasser) wird sich dieser Gedanke als Bild in Ihrem Gehirn formieren. Eine Art Zielbild entsteht, auf das sich Ihr ganzer Körper fokussiert. Geben Sie sich den Befehl *nicht* ins Wasser zu schlagen, bleibt immer noch das Bild Wasser präsent. Das Wort *»nicht«* wird nicht erkannt, da es sich nur um eine sprachliche Anweisung handelt, die nicht in ein Bild transformiert werden kann.

Hindernis oder Fairway?

Wollen Sie sich also bewusst vom negativen Zielbild Wasserhindernis trennen, müssen Sie ein positives Zielbild suchen. In Frage kommt hierfür beispielsweise das auf der anderen Seite liegende Grün. Idealerweise konzentrieren Sie sich auf einen ganz speziellen Teil des Grüns, eine dunkle Stelle im Rasen etwa oder eine Erhebung. Diese exaktere Fokussierung hat den Vorteil, dass Sie sich beim Anspiel auf ein kleines Ziel stärker konzentrieren müssen – das scheinbar leicht zu treffende Fairway stellt in der gesamten Breite keine besondere Aufgabe dar und kann zu Nachlässigkeiten führen. Der zweite Vorteil der Auswahl eines kleinen Ziels ist die geringere Bestrafung von selbst mittelgroßen Zielabweichungen.

Haben Sie das ganze Fairway als Ziel erklärt und verfehlen es um fünf Meter, landen Sie möglicherweise im Bunker. Verfehlen Sie den Sprinklerdeckel in der Mitte des Fairways um 15 Meter, werden Sie sich in der Regel immer noch auf der Spielbahn wiederfinden.

Denken Sie an Ihr bisheriges Leben; wie viel Ihrer vage aufgestellten Ziele haben Sie in zufriedenstellender Form erreicht? Wie sah Ihre Trefferquote bei exakt beschriebenen Zielen aus? Sehen Sie: Golf ist in vielerlei Hinsicht ein Spiegelbild des täglichen Lebens.

Vielleicht werden Sie an dieser Stelle einwerfen: »Moment, so einfach kann es wohl nicht sein.« Dann überprüfen Sie die Wirksamkeit der zuvor genannten Zusammenhänge an den folgenden Beispielen, die Sie wahrscheinlich in dieser oder ähnlicher Form schon erlebt haben werden:

- Ein Amateur mit hohem Handicap spielt eine überdurchschnittlich gute Runde. Da er noch Anfänger ist, nimmt Ihn das Spiel so in Beschlag, dass er keine Zeit hat, auch noch seine Punkte zu zählen. Am 13. Abschlag sagt ihm sein Zähler, dass er schon 33 Punkte hat und nur noch drei weitere benötigt, um sein Handicap zu spielen. Bei den noch fünf zu gehenden Löchern sollte eine große Unterspielung möglich sein. Wie oft sind in solchen Situationen nur noch die drei zum Handicap fehlenden Punkte hinzugekommen, weil der Spieler sich zu sehr auf das Erreichen seines Handicaps konzentriert hat, anstelle mit der gleichen Einstellung und Konzentration weiter zu spielen. An Stelle des ursprünglichen Ziels sind nun die 36 Punkte gerückt.

☐ Testen Sie einmal Ihren Mitspieler (aber bitte nicht im Turnier): Loben Sie ihn für seine sicheren Putts aus zwei bis drei Metern und betonen Sie, wie sehr sie Ihn um seine hohe Trefferquote beneiden. Wenn er ein hohes Selbstvertrauen hat, wird er sich an Ihrem Lob erfreuen und sich dadurch eventuell zu noch besseren Leistungen aufschwingen. Die Information an sein Unterbewusstsein lautet, dass er ein guter Putter ist und sehr sicher bei mittellangen Putts. Ein unsicherer Spieler, der sein Unterbewusstsein nicht so erfolgreich programmiert hat, wird in Zweifel kommen, sich fragen, ob das Lob begründet ist und sich beim nächsten Putt aus dieser Entfernung an misslungene Putts erinnern und aufgrund dieser negativen Programmierung des Unterbewusstseins den Putt auch nicht lochen.

☐ Sie spielen dieses Jahr jedes Turnier im Bereich Ihres Handicaps oder sogar darunter. Doch ausgerechnet bei den Clubmeisterschaften versagen Ihnen die Nerven und sie spielen zweimal über hundert.

☐ Sie spielen auf den ersten Löchern mit breiten Fairways und wenigen Hindernissen wunderbare gerade und lange Drives. Am achten Loch benötigen Sie erneut den Driver, doch dieses Loch hat nur ein schmales Fairway und eine entlang der Spielbahn verlaufende Ausgrenze. Sie verkrampfen innerlich bei dem Gedanken an die Bälle, die Sie schon jenseits der Ausgrenze verloren haben. Der Abschlag wird entsprechend. Obwohl sich die objektiven Gegebenheiten wie Windrichtung, Grashöhe, Bodenbeschaffenheit, Schläger, Ball, Tagesform nicht geändert haben, gelang es Ihnen nicht, einen weiteren geraden Drive anzufügen. Sie hatten ein Bild des Misserfolgs vor Augen, da Sie sich zu sehr mit einem schlechten Ball beschäftigt haben – dieses Bild des Misserfolgs hat sich auch bestätigt.

- ☐ Wenn Fred Couples, einer der talentiertesten Spieler auf der US-Tour, gefragt wird, wie er einen Hook spielt sagt er: I think Hook. Indem er an einen Hook denkt, bevor er den Schlag ausführt, setzt sein Unterbewusstsein diesen Wunsch auch in die Tat um. Seine zugegebenermaßen geschulte Feinmotorik ändert ganz unbewusst die notwendigen Kleinigkeiten im Schwung, die nötig sind, um den Ball mit einer rechts-links Kurve fliegen zu lassen. Diese Anpassung winziger Kleinigkeiten gelingt jedem von uns und das in jeder Sekunde an jedem Tag: Unser Gleichgewichtssinn ordnet kleinste Muskelbewegungen an, die es uns ermöglichen, zu stehen oder auf zwei Beinen zu laufen.

- ☐ Jack Nicklaus sagt, er habe nie einen Putt gespielt, ohne den Ball nicht vorher in Gedanken im Loch verschwinden zu sehen. Auch bei langen Schlägen visualisierte er jeden Schlag. Er lies in seiner Vorstellung einen Film ablaufen, der den kommenden Schlag in perfekter Form zeigte. Mit dieser Vorstellung führte er den Schlag aus – betrachtet man seine Siegesserien, muss man wohl davon ausgehen, dass die Methode funktioniert.

☐ Welcher Spieler gewinnt? Spieler A und B haben eine identische Technik, spielen gleich langes Golf, haben ein exakt identisch geschultes strategisches Verhalten auf dem Platz. Sämtliche Trainingseinheiten verbringen Sie immer gemeinsam. Der einzige Unterschied ist ihre mentale Einstellung. Spieler A geht siegessicher, voller Selbstvertrauen auf die Runde, ihm gelingt es stets, sich optimal zu konzentrieren – negative Gedanken verdrängt er, positive Gedanken hält er fest und verstärkt Sie. Was glauben Sie wer gewinnt das Spiel? Selbstverständlich Spieler A. Wenn Sie auch zu diesem Ergebnis kommen und bei zwei völlig identischen Spielern dem Spieler mit der überlegenen mentalen Einstellung wesentlich höhere Siegchancen einräumen, sollten Sie ab sofort an Ihrer mentalen Einstellung arbeiten. Der Spieler der Ihnen identisch ist, sind Sie selbst und wie Sie eben selbst herausgestellt haben, werden Sie durch eine verbesserte mentale Einstellung Ihr bisheriges golferisches Ebenbild besiegen.

Der Zusammenhang zwischen Bewusstsein und Unterbewusstsein soll noch an einem weiteren Beispiel verdeutlicht werden: Alle (großen) Golfer haben in Ihrer Karriere vier große Phasen auf dem Weg zu ihren größten Erfolgen durchlaufen. Jede dieser vier Phasen ist in zweifacher Hinsicht durch die eigenen Fähigkeiten gekennzeichnet. Einmal, in welcher Form diese Fähigkeiten tatsächlich vorhanden sind und zum zweiten, wie diese Fähigkeiten abrufbar sind. Man unterscheidet hier vorhandene und nicht vorhandene Fähigkeiten sowie bewusst und unbewusst abrufbare Fähigkeiten. In der ersten Phase ist der Golfer frei von Vorstellungen und Zwängen, er hat noch keine technischen Fertigkeiten und tastet sich im Rahmen der ersten Trainerstunden langsam an seinen neuen Sport heran. Diese Phase wird in der Sportpsychologie als *unbewusst inkompetent* bezeichnet. In dieser Phase kommt es oft zu schnellen Verbesserungen – man hat Freude an seinem Spiel und ist noch völlig ohne inneren und äußeren Druck. Man kann noch nicht viel, weiß dies aber nicht und kann so völlig zufrieden und unbelastet seine ersten Gehversuche machen. Die zweite Phase wird als *bewusst inkompetent* bezeichnet. Man hat noch keine besonderen Fähigkeiten erworben. Durch den eigenen Vergleich mit anderen, durch eine geänderte Erwartungshaltung und durch die den meisten Menschen angeborene Ungeduld ist man sich seiner relativen Unfähigkeit bewusst. Man zieht Vergleiche und sucht die schnelle Verbesserung. Die Folge sind Verkrampfung und Rückschritt. Selbst die Erfolge der ersten unbeschwerten Phase gehen plötzlich verloren. Frustration macht sich breit und man denkt zum ersten Mal über das Aufhören nach.

Die dritte Phase erreicht man, wenn man sich ein gewisses Können angeeignet hat. Man hat erste Erfolge erreicht und weiß genau was man noch erreichen kann und will. Der Schwung ist kontrolliert, man ist sich über technische Details im Klaren. Die vielen Trainerstunden, Videoanalysen und Golfbücher haben ihre Wirkung nicht verfehlt. Diese *bewusst kompetente* Phase ist für viele Spieler die letzte Stufe, die Sie erreichen. Die Leistungen steigen langsam bis zu einem gewissen Punkt an, überschreiten diese aber nicht mehr. Nun könnte man sich fragen, was einem technisch versierten Spieler, der sich in seinem Sport gut auskennt, trainingsfleißig und wettkampferfahren ist noch fehlt. Die Antwort auf die Frage findet sich in der ersten Phase: das Unbewusste.

Was am Anfang noch unbeschwert und spielerisch war, hat trotz mangelnder technischer Kompetenz zu Erfolgen geführt. Da diese Erfolge aber unverdient und unbegründet erscheinen, verlagert man sich auf die bewusste, greifbarere Schwungarbeit. Das Unbewusste geht verloren. Genau dieses Unbewusste ist aber nötig, um den Körper in sekundenschnelle eine komplizierte Bewegung durchführen zu lassen und gleichzeitig mental auch noch alle Weichen auf Erfolg zu stellen. Die vierte Phase, die man als *unbewusst kompetente* Phase bezeichnet ist erreicht. Die Schläge sind zuverlässig abrufbar, und zwar als Ganzes. Schwungdetails sind zu einem harmonischen Schwung verschmolzen. Zweifel sind ausgeräumt. Die Zeit, die man dadurch spart, sich nicht mehr unmittelbar vor jedem Schlag auf alle Details konzentrieren zu müssen, kann man darauf verwenden, sich an der Natur zu erfreuen oder an seiner Spieltaktik zu arbeiten.

Dieses unbewusst kompetente Golf sollte auch Ihr Ziel sein. Bedenken Sie dies bei jeder Trainingseinheit. Es muss ein Zeitpunkt kommen, an dem der Schwung automatisch abläuft. Für den Durchschnittsgolfer bedeutet dies, auch einen nicht perfekten Schwung zu akzeptieren oder Schwungumstellungen am Anfang oder am Ende der Saison durchzuführen und nicht permanent. Arbeiten Sie auf ein Gesamtbild hin und verstricken Sie sich nicht in Details.

Dem Unterbewusstsein fällt demnach im Golf in zweifacher Hinsicht eine Schlüsselposition zu: Auf körperlicher Ebene muss das Unterbewusstsein die Befehle, die wir ihm geben ausführen und auf geistiger Ebene muss es durch geeignete Auswahl von Bildern und Zielen den Weg für einen guten Schlag freimachen.

Vielleicht haben Sie sogar bereits versucht, unmittelbar vor dem Schlag an einen geraden Drive zu denken. Trotzdem war das Ergebnis nicht besser als sonst. Frustriert haben Sie diese alberne Idee der Selbstprogrammierung und mentalen Vorbereitung als abgehobenen Schnickschnack verworfen und sind zu Ihrem alten Trott zurückgekehrt (wahrscheinlich mit nicht wesentlich größerem Erfolg).

Die Macht des Unterbewusstseins ist vorhanden. Sie existiert und wird Sie, wenn Sie sie richtig nutzen, auch an Ihr Ziel bringen. Glauben Sie daran und seien Sie geduldig.

»Aber warum ist der Drive dann nicht gerade geflogen?« werden Sie sagen – ich wollte ihn doch gerade schlagen. Die Art und Weise, wie wir mit unserem Unterbewusstsein kommunizieren sind unsere Gedanken – in Form von Selbstgesprächen oder in der Regel bildhaften Erinnerungen.

Sicher haben Sie schon einmal die folgende Situation erlebt. Sie haben Ihren Abschlag etwas zu weit auf die linke Fairwayhälfte geschlagen. Um das Grün mit dem nächsten Schlag erreichen zu können, müssen Sie den großen Baum entweder mit einem Draw umspielen oder versuchen, mit einem flachen Schlag unter den tiefhängenden Ästen das Grün oder das Fairway zu treffen. Sie entscheiden sich für den Draw, obwohl Sie solche Spezialschläge nicht besonders oft geübt haben.

Kurz bevor Sie aufschwingen wollen meldet sich eine Stimme und sagt: »Wie kommst Du darauf, dass Dir dieser Schlag gelingen könnte – Du hast ihn doch noch nie trainiert und aus dem letzten Draw, den Du spielen wolltest, wurde ein grandioser Hook – ins Aus.« Mit diesen Gedanken kann man wirklich nicht von einer guten Schlagvorbereitung sprechen. Was ist passiert?

Leider hat das Unterbewusstsein Zugriff auf alle Erlebnisse, die wir jemals im Leben hatten – keine Information geht jemals verloren.

Der Wunsch einen Draw zu schlagen war vorhanden, also ein Teil einer erfolgreichen Programmierung wurde ausgeführt. Der zweite Teil die Kommunikation mit unserem Unterbewusstsein – die bildhafte Vorstellung des Ziels – hat uns aber einen Strich durch die Rechnung gemacht und so die erfolgreiche vollständige Vorbereitung verhindert.

Dies erklärt warum das reine Denken an einen guten Schlag (zumindest anfangs) nicht ausreicht, um diesen auch zu erhalten.

Unsere Erinnerungen haben demnach auch einen erheblichen Einfluss auf unseren (golferischen) Erfolg. Aus diesem Grund wird der Art und Weise, wie Erinnerungen gespeichert und wieder abgerufen werden das nächste Kapitel gewidmet.

Was Sie bis jetzt gelernt haben:

- Das Unterbewusstsein hat einen starken Einfluss auf alle Lebensbereiche.
- Im täglichen Leben überlassen wir das Ausführen verschiedenster Bewegungen und die Verwaltung unserer Erinnerungen in der Regel dem Unterbewusstsein.
- Der Versuch, einen komplexen, nur eine Sekunde dauernden Golfschwung bis ins Detail bewusst zu steuern, muss scheitern.
- Wird der Versuch unternommen, nur einzelne Teilbereich zu steuern, leiden hierunter andere Bereiche.

Was Sie an dieser Stelle beobachten sollten:

- Beobachten Sie sich selbst auf der Runde – wie oft haben Sie Erinnerungen an vergangene Schläge oder vergangen Runden.
- Wie oft denken Sie in Kausalketten – wenn ich jetzt nur noch Bogey spiele, dann ....
- Wie oft sind Sie mit Ihren Gedanken schon einige Löcher voraus? Hoffentlich treffe ich an Loch 14 das Fairway. Hoffentlich schlage ich den Ball an der 15 nicht ins Wasser.
- Beobachten Sie sich nach der Runde – wie oft erzählen Sie von Ihren schlechten Schlägen.

- Wie oft stellen Sie Situationen, in denen der Ball schlecht gesprungen oder gerade noch in den Bunker gefallen ist, als Pech heraus? Wie oft vergessen Sie zu erwähnen, das der Ball einen Baum getroffen hat und wieder aufs Fairway gesprungen ist, anstatt für immer im Wald zu verschwinden. Wie oft rechnen Sie sich aus, um wie viel besser die Runde hätte sein können.
- Wie oft haben Sie aktiv versucht, sich eine klares Bild des folgenden Schlages zu machen – und wie oft haben Sie einfach den Ball geschlagen nach dem Motto »hit an hope« (schlagen und hoffen).

Die Erinnerung

Der Mensch ist nicht allein Gedächtnis, sondern Erinnerung.
Thomas von Aquin

Wissenschaftler haben schon vor langer Zeit herausgefunden, dass wir **alles** was wir jemals gehört, gesehen oder erlebt haben unauslöschlich in unserem Gedächtnis speichern. Auch die Tatsache, dass man ständig sein Portemonnaie oder seinen Schlüssel sucht ändert nichts an der Richtigkeit der obigen Aussage.

Die Speicherung aller Erlebnisse hat aber nicht eine bewusste Abrufbarkeit zur Folge. Jeder wird während seiner Ausbildung schon einmal erlebt haben, dass ihm die Antwort auf eine Prüfungsfrage genau in dem Moment eingefallen ist, als man den Prüfungsraum verlassen hatte. Die zur Beantwortung der Frage benötigte Information war also vorhanden aber nicht abrufbar.

Ein entfallener Name kommt plötzlich ins Gedächtnis zurück, wenn man aufgehört hat, ständig an diesen scheinbar vergessenen Namen zu denken.

Der Grad der bewussten Abrufbarkeit der gespeicherten Erlebnisse hängt hauptsächlich von zwei Faktoren ab: erstens vom Grad der Intensität ihrer Wahrnehmung und zweitens von der Häufigkeit der Wiederholung. Dinge, die wir hören, vergessen wir in der Regel auch schnell wieder. Dinge, die wir sehen sind schon leichter verlässlicher abrufbar. Alles, was wir selbst ausführen, bleibt uns sehr lange in bewusster Erinnerung. Alle Erlebnisse, die mehrere unserer Sinne gleichzeitig ansprechen, sind länger präsent als Wahrnehmungen mit nur einem unserer Sinne.

Die bewusste Abrufbarkeit von Erlebnissen kann aber auch durch eine Wiederholung verstärkt werden. Sagt man sich eine Telefonnummer mehrmals vor, wird der bewusste Zugriff erleichtert. Auch eine Verknüpfung von abstrakten Fakten mit einer leichter erinnerbaren Geschichte erhöht die Abrufbarkeit spürbar. Wie bereits gesagt ist das menschliche Gehirn mit der Verarbeitung von Bildern schon wesentlich länger vertraut. Bereits unsere Vorfahren auf einer noch nicht menschlichen Stufe der Evolution haben bereits optische Wahrnehmungen verarbeitet und zum Überleben gebraucht. Abstrakte Zusammenhänge beschäftigen das menschliche Gehirn erst seit der Zeit, in der Menschen sprechen lernten. Erst die Möglichkeit der sprachlichen Kommunikation und in, entwicklungshistorisch gesehen, jüngster Zeit die Erfindung des Buchdrucks verlagerte unser Denken auf eine mehr theoretisch-abstrakte Ebene. Erfahrungen mussten nicht mehr selbst gemacht werden, man konnte erstmals auch vom Erfahrungsschatz anderer profitieren und darauf aufbauen. Dies führte zu einer enormen Beschleunigung der Entwicklung menschlichen Handelns.

Aufgrund dieser erst in »jüngster« Vergangenheit durchlaufenen Entwicklungen (Sprache etwa seit 50 000 Jahren, Buchdruck seit 500 Jahren) hatte das Gehirn noch keine Möglichkeit, sich an diese Neuerungen anzupassen. Die Wahrnehmung von Sinneseindrücken, insbesondere Sehen und Hören begleiten uns auf unserer Entwicklung schon seit mehreren 100 Millionen Jahren.

Folgende Geschichte soll Ihnen diese Zusammenhänge näher bringen: Zweibein, Dreibein, Einbein, Vierbein, Einbein, Zweibein, Dreibein, Vierbein, Einbein.

Wer diese einer Geschichte entstammende Begriffe nicht kennt, wird kaum eine Chance haben, sich diese Abfolge nur durch einmaliges Lesen merken und wiederholen zu können. Der Grund liegt auf der Hand: Ein einmaliges Aufnehmen von abstrakten Begriffen, die dazu auch noch keinerlei Emotionen hervorrufen und keinerlei Bild in uns entstehen lassen, führt nicht zu einer gezielten Abrufbarkeit.

In der folgenden Version wird es schon etwas leichter, die Begriffe in der richtigen Reihenfolge zu behalten: Ein Zweibein geht in den Wald, setzt sich auf sein Dreibein und isst sein Einbein. Kommt ein Vierbein, stiehlt das Einbein. Das Zweibein nimmt das Dreibein und wirft damit nach dem Vierbein und erobert sich so sein Einbein zurück.

Ganz einfach wird es, wenn man die etwas abstrakten Begriffe Zweibein, Einbein, Dreibein, Vierbein durch Mensch, Hähnchenschenkel, Schemel und Hund ersetzt. Die obige Geschichte lässt sich mit diesen in Bilder umwandelbaren Begriffen sehr leicht merken: Ein Mensch geht in den Wald, setzt sich auf seinen Schemel und isst einen Hähnchenschenkel. Kommt ein Hund, stiehlt den Hähnchenschenkel. Der Mensch nimmt den Schemel und wirft damit nach dem Hund und erobert sich so seinen Hähnchenschenkel zurück.

Wenn Sie sich die Zahl 767 merken wollen, könnten Sie das mit der folgendem Bild tun: 767 = zwei würfelnde Zwerge; sechs als Symbol für Würfel und sieben für Schneewittchen und die sieben Zwerge. Ich bin mir sicher, dass Sie weder die Geschichte mit dem Einbein noch die würfelnden Zwerge in nächster Zeit vergessen werden – und dies obwohl Sie sie nur einmal gelesen haben.

Das menschliche Gehirn kann besser mit einer bildhaften Vorstellung umgehen als mit reinem Text oder Zahlen. Diese Probleme ergeben sich auch bei der Umsetzung von zu theoretisch angelegten Lerninhalten im Rahmen einer Trainerstunde beziehungsweise beim Durcharbeiten von Golflehrbüchern, die sich im Wesentlichen auf eine sehr theoretische Behandlung des Themas Golfschwung beziehen.

Vorteilhaft für das menschliche Lernverhalten ist es, sich eine bildhafte Vorstellung von den vermittelten Inhalten zu machen. Bilder sind dem menschlichen Gehirn schneller zugänglich und können auch komplexe Sachverhalte auf einen Blick – an Stelle von vielen Seiten Text – zeigen. Auch die Aneinanderreihung von Bildern zu einem Film kommt der menschlichen Informationsverarbeitung entgegen. Alle guten Golfer haben daher eine sehr konkrete, bildhafte Vorstellung ihres Golfschwungs. Jedes Detail ist bildhaft vorhanden und dient sozusagen jeweils als Form für den gerade auszuführenden Schlag. Je vollständiger und filigraner ausgearbeitet diese Form ist, desto gleichmäßiger und erfolgreicher ist der Golfschwung.

Machen Sie sich ein Bild von Ihrem Schwung. Schaffen Sie es nicht den Schwung vor Ihrem geistigen Auge in langsamen Tempo und in Standbildern auszuführen, dürfen Sie sich nicht wundern, wenn Ihre Schläge ein Produkt von Zufällen sind und im Ergebnis stark variieren. Wie soll Ihr Schwung auch gleichmäßig geformt sein, wenn die vorhandene Form voller Lücken ist.

Zur Festigung des geistigen Bildes Ihres Schwungs, führen Sie ihn regelmäßig im Zeitlupentempo aus, verharren Sie in mehreren Kontrollpunkten und überprüfen Sie Körperwinkel, Gewichtsverlagerung, Schulterdrehung etc. Schließen Sie ab und zu die Augen, um die jeweiligen Signale die Ihr Körper sendet aufzunehmen. Lassen Sie sich dabei von Ihrem Trainer kontrollieren und vervollkommnen und verfeinern Sie so Ihre Form.

Manche Erlebnisse prägen sich aber auch ohne jegliche Wiederholung derart stark in unsere Erinnerung ein, dass sie immer präsent sind. Dies ist besonders bei mit Schmerzen verbundenen Erlebnissen der Fall (Unfall, Mißhandlung, Verbrennung). Sie führen zu so genannten Engrammen und sind, wenn man nichts gegen sie unternimmt, ein Leben lang präsent.

Erinnerungen lassen sich in zwei Teilbereiche gliedern: einen jederzeit bewusst abrufbaren und einen nicht unmittelbar abrufbaren, aber trotzdem vorhandenen Teil. Zuverlässig abrufbar ist alles, was wir selbst erlebt haben oder womit wir uns häufiger beschäftigen. Situationen, die von starken Emotionen begleitet wurden sind besonders lange gezielt abrufbar. Unser Denken und Handeln wird von unseren Erfahrungen geprägt. Je präsenter diese Erfahrungen sind, desto mehr prägen Sie unser Denken und Handeln.

Zurück zum Golf: Alle von uns ausgeführten Schläge sind gespeichert und bilden unseren persönlichen Golf-Erfahrungsschatz. Ihre gewollte und ungewollte Abrufbarkeit hängt mit der Häufigkeit der Wiederholung sowie mit dem Grad der den Schlag begleitenden Emotionen ab.

Überlegen Sie nun, welche Schläge Ihnen in welcher Situation bevorzugt einfallen:

Situation:	Erinnerung:
Kurzer Putt	Verschobener Putt am vorangegangen Loch
Ausgrenze	Drive, der letzte Woche an diesem Loch verloren ging
Teich vor dem 18. Grün	Schon fünf Bälle in dieser Saison dort versenkt
Schlechter zweiter Putt	Bereits vier Dreiputts auf dieser Runde
Lochspiel mit Angstgegner	Noch nie beim Turnier gegen ihn gewonnen

All diese Erinnerungen sind mit etwas Negativem verbunden – Ballverlust, schlechtem Score oder Niederlage. Die meisten Menschen neigen dazu, sich eher solche Erinnerungen in der jeweiligen Situation ins Gedächtnis zu rufen, als sich mit positiven Gedanken selbst zu ermutigen.

Seltsamerweise hat man diese Situationen oder diese Schläge aber nicht öfter erlebt (und damit zunächst nicht öfter gespeichert) als andere, positive Erlebnisse.

Warum blitzen dann trotzdem diese Gedanken zum ungünstigsten Zeitpunkt, oft völlig überraschend, vor unserem geistigen Auge auf?

Viele Golfer haben Angst vor schlechten Schlägen, vor Niederlagen oder Blamagen. Sie sind in Ihrem sonstigen Leben recht erfolgreich, schaffen es aber noch nicht, dem kleinen weißen Ball klar zu machen, dass sie diese Erfolge auch auf dem Golfplatz erwarten.

Diese Angst führt dazu, dass sich überproportional oft mit diesen negativen Situationen beschäftigt wird. Nach einem schlechten Schlag auf der Runde wird an späteren Löchern dieser Fehler immer wieder rekapituliert, teilweise beschäftigen sich manche Golfer noch tagelang mit einem Schlag, der die »ganze« Runde verdorben hat. Wer kennt nicht die unerfreuliche Angewohnheit der Mehrzahl der Golfer, sich nach der Runde im Clubhaus zusammenzusetzen und die schlechten Schläge wieder und wieder detailgetreu nachzuerzählen. Oft wird noch mit Herzblut von Situationen berichtet, in denen ein Spieler »Pech« hatte und nur deshalb mehrere Schläge verloren hat. (Dazu fällt mir nur der erstaunte Ausspruch eines Golfers nach Intensivierung seiner Trainingseinheiten ein: »Seltsam, seitdem ich mehr übe, habe ich mehr Glück.«)

Bedenken Sie, dass das Unterbewusstsein nicht zwischen einer realen Wiederholung (also einem erneuten Erleben der gleichen Situation – neuer Dreiputt) oder der Erinnerung an diese Situation unterscheidet. Die gedankliche Wiederholung einer bereits erlebten Situation stellt für das Unterbewusstsein einfach eine neue Erfahrung dar, die gespeichert wird. Und auch hier gilt: je mehr Sie sich beim Gedanken an den schlechten Schlag vom zweiten Loch ärgern und eventuell bei der Heimfahrt vom Golfclub noch mit der Faust auf das Lenkrad schlagen, desto mehr Sinne werden angesprochen und desto tiefer gräbt sich das Erlebnis des schlechten Schlages ein.

Auch hier soll eine Geschichte helfen, diese Erkenntnis in Ihrem Gedächtnis zu speichern und immer präsent zu halten.

Stellen Sie sich Ihr Gedächtnis als Urwald vor. Zu Beginn Ihres Lebens ist er noch fast unerkundet und somit ohne Trampelpfade oder gar Wege und Straßen.

Haben sie ein Erlebnis, nimmt das Unterbewusstsein die gemachte Erfahrung und trägt sie an eine freie Stelle im Dickicht des Urwalds und legt sie dort ab. Bei diesem Vorgang entsteht ein kleiner Trampelpfad. Beim nächsten Erlebnis wird ein neuer freier Platz belegt und erneut ein Trampelpfad geschaffen. Wiederholt sich ein Erlebnis, wird es an jener Stelle abgelegt, an dem das erste Erlebnis abgespeichert wurde. Durch die erneute Benutzung des Trampelpfades wird dieser ein Stück breiter.

Mit jedem Dreiputt (oder jeder gedanklichen Wiederholung eines solchen) wird der Trampelpfad zur »Dreiputt-Sammelstelle« breiter. Leider ist der Mensch recht bequem und so hat auch das Unterbewusstsein die Tendenz, den breiteren Straßen zu folgen. Deshalb wird sich bei ständiger gedanklicher Wiederholung der gespielten Dreiputts das Unterbewusstsein bei einem zweiten Putt aus mehr als einem Meter melden und sich selbst die (ungewollte aber vorhandene) Zielprogrammierung Dreiputt anzeigen und erfüllen.

Lässt man sein golferisches Leben Revue passieren, muss man aber feststellen, dass sehr schnell die guten und akzeptablen Schläge überwiegen und der Dreiputt die Ausnahme bleibt. Man sollte daher einen Dreiputt nicht überbewerten und sich nicht weiter damit beschäftigen.

Oft begründen sich Dreiputts durch das ungenaue Anspiel des Grüns – denn aus 15 Meter Entfernung sind drei Putts wahrlich keine Schande. Man ist also bei drei Putts nicht automatisch ein schlechter Putter. Haken Sie ihre schlechten Schläge ab, und wandeln Sie Ihre Denkweise.

Beispiele:

Sie haben bereits jedes Loch auf Ihrem Heimatplatz in Bogey (Par) oder besser gespielt – Sie wären folglich in der Lage, ein Handicap von 18 (0) zu spielen. Sie müssen es also nur innerhalb einer Runde umsetzen.

Sie haben am ersten Loch schon sehr gute und sehr schlechte Drives gespielt – beim nächsten Turnier gehen Sie mit einer positiven Vorstellung des vor Ihnen liegenden Abschlags (Visualisierung) an den Ball heran und der Abschlag wird gelingen.

Beim nächsten Ein-Meter-Putt rufen Sie sich bereits gelochte Putts aus dieser Entfernung ins Gedächtnis und Sie sehen den Ball kurz bevor Sie Putten bereits im Loch verschwinden. Hören Sie den Ball ins Loch fallen – lassen Sie die Erinnerung mit allen Sinnen aufleben.

Es liegt an Ihnen, welche Schläge sie wiederholen – die guten oder die schlechten. Wiederholen bedeutet hier gedanklich und tatsächlich. Denn Ihr Unterbewusstsein macht sich ein Bild davon, wie der nächste Schlag werden soll und dies noch bevor Sie ausholen. Welche Daten Sie Ihrem Unterbewusstsein dafür zur Verfügung stellen, liegt an Ihnen.

DENKEN SIE POSITIV

Vielleicht sind Sie noch skeptisch. Sie glauben nicht, dass man nur durch eine andere Denkweise besser Golfspielen kann. Ich bin mir jedoch sicher, dass Sie wie alle Golfer, folgende Erlebnisse gemacht haben, die diese Aussage bestätigen werden:

- ☐ Sie haben einen Lieblingsschläger – diesen verwenden Sie immer dann, wenn eine schwierige Situation auftritt und der Schlag in jedem Fall gelingen muss. Zu diesem Schläger haben Sie Vertrauen – wie von selbst steigt in Ihnen eine unerklärliche Ruhe und Zuversicht auf, wenn Sie den Schläger auch nur in die Hand nehmen.
- ☐ Sie haben ein Lieblingsloch. Dieses Loch spielen sie gerne und immer gut. Dort holen Sie im Turnier Ihre Punkte. Sie denken eventuell schon vom ersten Abschlag an mit Vorfreude an dieses Loch.
- ☐ Sie haben ein Horrorloch. Dieses Loch spielen sie äußerst ungern und scheinbar immer schlecht. Dort verschenken Sie im Turnier oft den Sieg. Sie denken schon vom ersten Abschlag an immer wieder an dieses Loch.

Wer kennt nicht diese Gedanken? Auf den ersten Blick ist Ihr Lieblingsschläger auch Ihr bester Schläger, ihr Lieblingsloch auch Ihr Punktelieferant und Ihr Horrorloch lässt Sie verzweifeln.

Doch wie kommt es dazu?

Der Lieblingsschläger ist oft der Schläger, mit dem man das Golfspielen erlernt hat, oftmals das Eisen sieben. Logischerweise hat man mit diesem Schläger schon katastrophale Schläge gemacht, Sockets geschlagen oder den Ball gar nicht getroffen.

Diese negativen Eindrücke werden aber von Ihnen übergangen, da der Schläger schon wesentlich mehr gute und sehr gute Schläge gemacht hat. Sie erinnern sich gerne an diese Schläge und haben immer vollstes Vertrauen in den folgenden Schlag. Im Urwald-Beispiel bedeutet dies, dass dem schmalen Weg (schlechte Schläge) der breite Weg (gute Schläge und gedankliche Wiederholungen derselben) vorgezogen wird.

Ihr Lieblingsloch haben Sie sicher auch schon gestrichen oder mit einem Dreiputt beendet. Ihr Horrorloch hat Ihnen wahrscheinlich auch schon ein (Netto-)Par oder sogar ein Birdie beschert. Aber genauso wie Sie den Strich an Ihrem Lieblingsloch mit »das kann jedem mal passieren« abhaken, werden Sie das Birdie am Horrorloch als bloßen Zufall abtun und ebenfalls nicht weiter beachten.

Sie sehen also, es gibt keine echte Realität. Vielmehr ist die Realität abhängig von unseren subjektiven Wahrnehmungen und von unseren Erinnerungen und Bewertungen.

Wehren Sie sich gegen negative Gedanken und fördern sie positive Gedanken insbesondere vor einem Schlag. Der Erfolg wird sich automatisch einstellen.

Sollten Sie noch nicht von der Theorie der Trampelpfade überzeugt sein, so beachten Sie auch folgendes Beispiel aus der

Werbebranche: Spielfilme werden im privaten Fernsehen durch mehrere Werbeblöcke unterbrochen. Die werbetreibenden Unternehmen sind zu einer blockartigen Ausstrahlung Ihrer Werbeclips übergegangen. In jedem Werbeblock werden zum größten Teil die gleichen Werbeclips gezeigt. Durch die ständige Wiederholung der gleichen Clips werden innerhalb eines Spielfilms neue Trampelpfade angelegt und auch gleichzeitig verbreitert. Beim nächsten Besuch des Supermarkts greift man, bei einem Produkt bei dem man keine eindeutig Präferenz für eine bestimmte Marke hat, zu jenem, das in der oben beschriebenen Weise beworben wurde.

An diesem Beispiel sieht man, welche Bedeutung den unbewussten Gedanken zukommt. Es verdeutlicht wie unser Unterbewusstsein immer dann die Kontrolle übernimmt, wenn unser Bewusstsein keine klaren Handlungsanweisungen gibt. (Ein Einkaufszettel mit einem bestimmten Produkt hätte wahrscheinlich den unbewussten Einkauf des beworbenen Produkts unterbunden).

Speichern Sie daher ganz bewusst gute Schläge und rufen Sie sich diese regelmäßig in Erinnerung. Dieser Erfahrungsschatz könnte Ihrem Unterbewusstsein als Vorlage für einen Schlag dienen, bei dem Sie sich kein klares Ziel und keinen bestimmten Schwungablauf vorgenommen haben.

Was Sie bis jetzt gelernt haben:

- Je öfter Sie etwas wiederholen oder je intensiver Sie etwas erleben, desto leichter lassen sich die daraus entstehenden Erinnerungen abrufen.
- Bilder lassen sich leichter verarbeiten und merken als Text, Zahlen oder einzelne Worte.

Was Sie an dieser Stelle ausprobieren sollten:

- Rufen Sie sich regelmäßig gute Schläge und gute Runden in Erinnerung.
- Überprüfen Sie, wie oft Sie an einen schlechten Schlag denken oder von ihm erzählen und ihn damit wiederholen und leichter erinnerbar machen.
- Überprüfen Sie Ihren Umgang mit »Glück« und »Pech« auf der Runde.
- Beschäftigen Sie sich nicht weiter mit schlechten Schlägen, indem Sie versuchen, diese zu erklären oder vor Ihren Spielpartner zu rechtfertigen.
- Notieren Sie sich ab jetzt besonders gelungene Schläge und Runden.

Ein weiterer Grund, sich bei der Ausführung seiner Schläge auf das Unterbewusstsein zu verlassen, ist neben der direkten Steuerbarkeit des Körpers die enorme Geschwindigkeit mit der diese Steuerung erfolgt. Man bereitet sich auf einen Schlag vor – denkt vielleicht noch mal kurz an die Worte des Trainers bei der letzten Stunde und führt den Schlag aus. Der Schlag dauert aber nur eine Sekunde. In dieser Zeit müssen komplexe Bewegungsfolgen nahezu aller Muskelgruppen in einem schnellen Tempo durchgeführt werden.

Würde man von Ihnen verlangen, alle Schwungdetails auf die Sie zu achten haben aufzuzählen, wären Sie wahrscheinlich eine Viertelstunde oder länger beschäftigt.

Bewusst lassen sich also diese Details nicht in einer Sekunde aufzählen und ähnlich einer Checkliste abarbeiten. Geht man trotzdem von einer bewussten Steuerbarkeit der einzelnen Bewegungen im Verlauf des Golfschwungs aus, ergibt sich folgendes Bild:

Sie denken kurz vor dem Ausholen an Ihre Schulterdrehung und Ihre Gewichtsverlagerung – dann beginnen Sie den Schwung. Der Körper folgt Ihrem Bewusstsein also Ihrer direkten Anordnung, sich zu drehen und Ihr Gewicht zu verlagern. Bis zu diesem Punkt funktioniert alles wie geplant. Doch am höchsten Punkt Ihrer Ausholbewegung fehlen schon Informationen: Wie soll der Abschwung aussehen? Wie sollen die Handgelenke arbeiten? Wie soll das Gewicht jetzt verlagert werden?

Ihr Bewusstsein kann wie gesagt diese Befehle nicht im passenden Moment geben, da es in dieser kurzen Zeit nicht dazu in der Lage ist. An dieser Stelle kommt das Unterbewusstsein ins Spiel. Alle Informationen, die dem Körper fehlen, werden vom Unterbewusstsein zur Verfügung gestellt. Füttern Sie Ihren Supercomputer richtig, sodass er nur auf die positiven Daten zugreifen kann – probieren Sie es aus.

Tipp: Beobachten Sie sich und andere Golfer; insbesondere den Berichten von einer gerade beendeten Runden sollten Sie erhöhte Aufmerksamkeit schenken. Wie oft werden Gründe für schlechtes Spiel mit mangelnder Technik, Spielpraxis, schlechtem Wetter oder unfairen Gegnern begründet. Wie oft werden alle negativen Situationen, die sich im Verlauf einer Runde ereignet haben im Clubhaus erneut wiedergegeben. Geben Sie sich nicht diesem Automatismus von Glück und Pech hin, sondern warten Sie abseits bis sich die erste Erregung gelegt hat, besinnen Sie sich auf Ihre positiven Erfahrungen, die Sie aus der Runde mitnehmen können und begeben Sie sich erst dann wieder ins Clubleben zurück. Nutzen Sie diese Zeit für einige Schläge auf der Range.

Der richtige Umgang mit sich selbst ist hierbei ebenfalls von entscheidender Bedeutung, denn neben Ihren Erlebnissen programmieren auch Ihre Gedanken das Unterbewusstsein.

Aus diesem Grund muss man sehr genau darauf achten, welche Gedanken man zulässt und welche man besser unterdrücken sollte. Die Person, mit der Sie am meisten reden, sind Sie selbst. Diese Selbstgespräche sind etwas völlig natürliches und haben einen starken Einfluss auf Ihr Unterbewusstsein. Sollten Sie sich immer wieder sagen, dass sie ein schlechter Golfer sind, werden Sie es auch werden (oder bleiben).

Nutzen Sie diese Möglichkeit der direkten Einflussnahme auf Ihr Unterbewusstsein und führen Sie positive Selbstgespräche. Nutzen Sie diese Gelegenheit, sich selbst zu coachen und aufzubauen. Gehen Sie vertrauensvoll mit sich selbst um, so wie es ein wohlmeinender Lehrer tun würde. Um seine Wirkung richtig entfalten zu können, müssen diese positiven Selbstgespräche aber auch eine fundierte Basis, einen Schatz an positiven Erlebnissen und Erfolgen besitzen. Haben Sie beispielweise an einem Wasserhindernis Probleme, positive Erinnerungen hervorzurufen, kann dies daran liegen, dass Sie bereits mehrmals das Wasser getroffen haben. Da Ihnen die Arbeitsweise Ihres Unterbewusstseins noch nicht bekannt war, haben Sie diese Schläge in Gedanken oft wiederholt. Sie haben Freunden und Ihrem Trainer von diesem schrecklichen, bälleverschlingendem Wasserloch erzählt. Die ständigen verbalen oder geistigen Wiederholungen haben das Wasserhindernis wirklich zu einem übermächtigen Feind werden lassen.

Innerhalb einer Runde, insbesondere einer Turnierrunde ist es aufgrund der höheren Anspannung kaum möglich, diese negativen Gedanken zu überwinden und einen guten Schlag über das Wasser zu machen. Sie sollten daher diesen Schlag gezielt üben. Wärmen Sie sich auf der Range auf, verwenden Sie den für einen Schlag über das Wasserhindernis zu benutzenden Schläger. Wenn Sie sich gut fühlen, gehen Sie direkt an diese Stelle und schlagen Sie einige Bälle über das Hindernis. In der lockeren, nicht vom Turnierstress belasteten Atmosphäre sollten Ihnen mehrere Schläge über das Wasserhindernis gelingen. Damit ist die Grundlage für eine neue Einstellung zu diesem Hindernis geschaffen. Im weiteren Verlauf sollen Sie sich noch an Ort und Stelle vorsagen, dass Sie es geschafft haben, viele (vielleicht sogar alle) Bälle über das Hindernis zu schlagen.

Freuen Sie sich über diese Leistung, ballen Sie Ihre Faust oder springen Sie vor Freude. Erzählen Sie Ihren Freunden von Ihrem Trainingserfolg und denken Sie möglichst oft und detailliert an diese Schläge. Mit dieser Vorgehensweise werden die Trampelpfade zum guten Schlag an diesem Loch immer breiter. Je nach dem, wie sehr Sie dieses Wasserhindernis in der Vergangenheit traumatisiert hat, müssen Sie diese Übung mehr oder weniger oft wiederholen. Gelingen Ihnen dann nach sorgfältiger Vorbereitung auch die ersten Schläge innerhalb eines Turniers über dieses Wasserhindernis, werden Sie sich immer mehr von der Erinnerung an die Fehlschläge befreien können. Grund: Erfahrungen innerhalb eines Turniers sind in der Regel von größeren Emotionen begleitet. Die Grundspannung ist höher als auf einer Privatrunde oder im Training. Erlebnisse während der Runde graben sich daher tiefer ein. Da Sie aber optimal vorbereitet sind, den Schlag im Training erfolgreich geübt und gedanklich wiederholt haben, steht dem Erfolg während des Turniers nichts im Weg.

Ihr Ziel muss es also sein, sich diesen positiven Erfahrungsschatz zu erarbeiten und regelmäßig in Erinnerung zu rufen (siehe Ziele und Trainingstagebuch).

In der praktischen Anwendung bedeutet dies, dass wir:

- ☐ durch ständiges, zielgerichtetes und korrektes Üben die Trampelpfade vergrößern und sie so viel breiter als die schmalen Wege der schlechten Schwünge machen, dass uns nur die Wahl des guten Schlags bleibt.
- ☐ durch Visualisierung des auszuführenden Schlages dem

Unterbewusstsein befehlen, den Schlag in der von uns vorgestellten Weise durchzuführen.

- ☐ unsere positive Erinnerungen verstärken (Nachschlagen eines zweiten Balles; Putt immer ins Loch etc.).

Gönnen Sie sich nach einer Golfrunde oder einer Übungseinheit einige Minuten der Erholung und erinnern Sie sich an die guten Schwünge und Schläge sowie an alles Positive, dass Sie aus dieser Runde oder Übungseinheit mitnehmen konnten. Schließen Sie die Augen, stellen Sie sich den guten Drive, Chip oder Putt nochmals vor. Wiederholen Sie den Schwung mit Ihrem Schläger. Sehen Sie nochmals die atemberaubende Flugbahn des Balles und erleben Sie nochmals das Glücksgefühl, dass Sie im Treffmoment und beim Verfolgen des Balles hatten. Solch intensive Erlebnisse verankern sich sehr stark in unserer Erinnerung und haben somit positive Auswirkungen. Auch während einer Trainingseinheit sollten Sie nach einem gelungenen Schlag das Gefühl bewusst wahrnehmen und nicht sofort in den Eimer greifen und den nächsten Ball aufteen. Setzen Sie unmittelbar nach dem Erleben des guten Schlages einen körperlichen Anker: Führen Sie eine körperliche Bewegung wie zum Beispiel das Ballen der Faust oder das Öffnen und Schließen des Handschuhs aus.

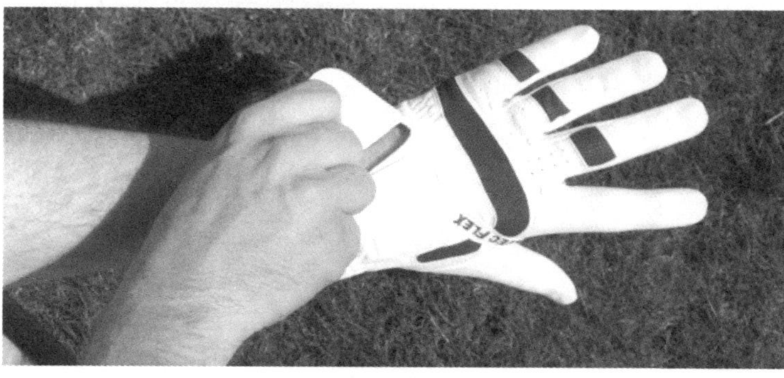

Ziel dieses körperlichen Ankers ist eine Art Selbstkonditionierung. Durch mehrmalige Anwendung des Ankers werden die positiven Empfindungen, die man in diesem Moment erlebt, mit diesem Anker verknüpft. Nach einiger Zeit sollte es Ihnen gelingen, diese positiven Gefühle durch Setzen des Ankers im Vorfeld des Schlages hervorzurufen und so ein noch positiveres Umfeld für den bevorstehenden Schlag zu schaffen.

Tipp: Heben Sie sich die Bälle, mit denen Ihnen ein besonderer Schlag oder ein besonderes Turnierergebnis gelungen ist, auf. Betrachten Sie diese Bälle von Zeit zu Zeit und rufen so positive Erinnerungen hervor. Stellen Sie sich das schöne Gefühl des langen Drives oder des gewonnenen Turniers möglichst detailgetreu vor.

Motivationshilfe

Eine ähnliche Aufgabe hat die Pre-Shot-Routine, auch sie soll den Schlag in eine positive Umgebung einbetten und somit sein Gelingen fördern.

Was Sie bis hier her gelernt haben:

- Positive Erfahrungen erleichtern den Umgang mit schwierigen Situationen.
- Positive Erfahrungen in schwierigen Situationen lassen sich als Anfänger in der Regel nicht auf der Runde gewinnen.

Was Sie an dieser Stelle ausprobieren sollten:

- Üben Sie gezielt die von Ihnen als schwierig empfundenen Löcher direkt auf dem Platz. Nutzen Sie dazu die frühen Morgen- oder späten Abendstunden und spielen Sie ein schwieriges Loch mehrmals hintereinander.
- Üben Sie schwierige Schläge ebenfalls direkt auf dem Platz. Nur hier ist die Situation so wie im Turnier. Hier lassen sich am einfachsten positive Erfahrungen schaffen.
- Rekapitulieren Sie am Ende einer Runde oder einer Trainingseinheit die positiven Erfahrungen und verbreitern Sie so Ihre »Trampelpfade«.

Exkurs: Was sollten Sie bei einer nötigen Schwungumstellung beachten?

Den eigenen Golfschwung hat man schon so oft wiederholt, dass er tiefe Pfade in unser Gedächtnis gegraben hat. Während der persönlichen golferischen Entwicklung wird man immer wieder an einen Punkt kommen, an dem man eine mehr oder wenige große Umstellung an seinem Golfschwung durchzuführen hat. Die neu einzubindenden Schwungelemente wirken aus körperlicher Sicht zunächst als Fremdkörper. Aber auch für die gedankliche Verarbeitung des Golfschwungs stellt die Integration der neuen Elemente eine nicht zu unterschätzende Aufgabe dar. Um eine Schwungumstellung in einer akzeptablen Zeit mit Erfolg abschließen zu können sollten folgende Punkte beachtet werden:

- ☐ Arbeiten Sie mit einem Trainer, der die Fähigkeit hat, auf Ihre Persönlichkeit einzugehen, der es vermag Ihre Stärken und Schwächen zu erkennen. Ein Trainer also, dem Sie genug Vertrauen entgegenbringen können, um ihn mit einer so wichtigen Aufgabe wie die (Weiter-)Entwicklung Ihres Golfschwungs zu betrauen. Stellen Sie mit ihm einen Trainingsplan auf, so dass Sie sich immer bewusst sind, wo Sie gerade stehen und wo die Reise hingeht. Durch solche Trainingspläne wird Ihre knappe Trainingszeit besser genutzt, Leerläufe werden vermieden und das Training baut kontinuierlich auf dem bereits Gelernten auf.
- ☐ Achten Sie besonders in Zeiten der Schwungumstellung auf Ihre Selbstdisziplin. Vermeiden Sie es, in den alten Trott zu verfallen. Denken Sie an die Trampelpfade: Sie wollen einen neuen positiven Weg einschlagen und den Weg zum neuen Schwung verbreitern. Mit jeder Wiederholung des alten Schwungs wird aber dessen Weg wieder breiter und seine unterbewusste Anwendung, insbesondere unter Turnierstress, wahrscheinlicher.
- ☐ Verbringen Sie in dieser sensiblen Phase mehr Zeit auf der Range als auf dem Platz. Wiederholen Sie bewusst den richtigen Schwung. Vollziehen Sie viele Schwünge ohne Ball, bei denen Sie sich ausschließlich auf Ihr Körpergefühl konzentrieren ohne ball- oder ergebnisorientiert zu sein. Erleben Sie mit allen Sinnen das Ergebnis eines richtig ausgeführten neuen Schwungs. Machen Sie zu Hause Ihre Übungen. Sie können den neuen Schwung auch zu Hause, ohne Bälle zu

schlagen festigen, indem Sie nur den korrekten Schwung wiederholen. Denken Sie oft an Ihren neuen Schwung – fühlen Sie, wie Sie den Ball treffen, wie er in die Luft steigt und auf dem Grün landet. Erfreuen Sie sich an diesen Gedanken und tun Sie sie nicht als brotlose Schwärmereien ab. Der Pfad zum neuen Schwung wird auch auf diese Art verbreitert.

- Was Sie tunlichst unterlassen sollten, ist, in der Phase der Umstellung an einem Turnier teilzunehmen oder eine Runde zu spielen, bei der Sie ein gutes Ergebnis erzielen wollen. Lassen Sie sich Zeit, den Schwung zu verinnerlichen und Vertrauen aufzubauen. Möchten Sie Ihren neuen Schwung auch auf dem Platz ausprobieren, so tun Sie dies ohne zu zählen, das heisst ohne Druck. Anderenfalls wird Ihre Zielprogrammierung auf Erfolg ausgerichtet sein. Ihr Unterbewusstsein will dann diesen Erfolg und entscheidet sich im Zweifel für den alten, schlechteren Schwung, da es mit diesem Schwung mehr Erfahrungen und ein sichereres Gefühl hat – oder anders gesagt, weil der Pfad des alten Schwungs einfach breiter und bequemer zu beschreiten ist.
- Versuchen Sie, sich in den frühen Morgen- oder späten Abendstunden etwas Zeit zu nehmen um eventuell sogar ganz allein auf die Runde gehen zu können. In dieser ruhigeren Tageszeit haben Sie den geringsten Druck, können Probeschwünge machen oder einen zweiten Ball spielen wann immer Sie dies zur Bestätigung und zur Festigung Ihres neuen Schwunges benötigen.

Nach und nach sollten Sie Ihren neuen Schwung einem größer werdenden Druck aussetzen. Ab einem gewissen Zeitpunkt des korrekten Trainings wird dieser neue Schwung auch unter Wettkampfbedingungen bestehen und ganz von selbst arbeiten – so wie einst der alte, vertraute aber fehlerhafte Schwung.

Schlagvorbereitungsroutine (Pre-Shot-Routine)

Wie in der Einleitung bereits beschrieben stellt der Moment unmittelbar vor dem Golfschlag eine besondere Situation im Ballsport dar. Der Spieler muss nicht auf einen zugespielten oder zugeworfenen Ball reagieren, sondern hat es selbst in der Hand, wann er den Schlag ausführen wird und welche Gedanken ihn bis zu diesem Zeitpunkt begleiten. Der Moment unmittelbar vor dem Schlag beschreibt den Übergang vom passiven Nachdenken hin zum aktiven Handeln.

Die Schlagvorbereitung ist abgeschlossen, die Schwungvariante und der Schläger wurden ausgewählt, das Ziel anvisiert. Man steht über dem Ball und muss nur noch das ausführen, was man sich vorgenommen und trainiert hat. Aber genau hier setzen die Probleme ein. Zum einen muss sich der Körper aus seinem Ruhezustand in eine komplizierte Bewegung verlagern, zum anderen lässt die Zeitspanne, die man benötigt, um ins Handeln zu kommen, viel Spielraum für Gedanken, oft negativer Art zu.

Grundsätzlich sollte jeder Spieler, unabhängig davon wie er mentalen Trainingsmethoden gegenübersteht, dieses Problem anerkennen und versuchen, eine Methode zu entwickeln, um dieser physischen (Wechsel von Ruhezustand zu einer Bewegung) und psychischen (Zeit zum Nachdenken, Zeit für Selbstzweifel) Belastung entgegenzutreten.

Ein weit verbreitetes Hilfsmittel beide Schwierigkeiten auf einmal zu meistern, ist das Durchlaufen einer immer gleichen Handlungskette vor jedem Schlag – einer so genannten Pre-Shot-Routine.

Die Schlagvorbereitungsroutine ermöglicht dem Spieler, den Schlag in ein immer gleiches Schema von Bewegungen und Gedanken einzubetten. Ähnlich einer Checkliste durchläuft man verschiedene Vorbereitungsschritte und vermeidet so das Übersehen wichtiger Einflussfaktoren für den Schlag wie z.B. Windrichtung, Fahnenposition oder Lage des Balles. Hektik und beschleunigte Bewegungen in der Phase unmittelbar vor dem Schlag können so auf einfache Art vermieden werden.

Jedem Schlag sollte die gleiche Aufmerksamkeit und Vorbereitung entgegengebracht werden. Leider tendiert man bei vermeintlich leichten Schlägen zu einer zu kurzen Vorbereitungsphase. Wichtige Einflussfaktoren werden möglicherweise übersehen – der Schlag wird unkonzentriert ausgeführt. Schwierige Schläge verleiten zu einer überlangen, zu verkrampften Vorbereitung. Man wägt solange alle Alternativen mit möglichen (katastrophalen) Konsequenzen gegeneinander ab, bis man sein ganzes Selbstvertrauen aufgebraucht hat.

Eine sinnvoll aufgebaute Schlagvorbereitungsroutine gibt Ihnen die Sicherheit, sich optimal auf den Schlag vorbereitet zu haben – nur mit Hilfe dieses Sicherheitspolsters kann Ihnen regelmäßig ein guter Schlag gelingen.

Beispiel für eine Pre-Shot-Routine:

Angenommen Sie befinden sich auf dem Fairway, 120 Meter vom Grün entfernt. Während Sie zu Ihrem Ball gelaufen sind, haben Sie bereits die verbleibende Entfernung zur Fahne abgeschätzt, die Windrichtung und die Fahnenposition auf dem Grün bestimmt. Die Schlägerwahl ist getroffen. Die Tasche wird in ausreichender Entfernung vom Ball abgestellt – an diesem Punkt beginnt die Routine.

1. Stellen Sie sich in gerader Linie zum Ziel hinter den Ball. Der Abstand zum Ball sollte so groß sein, dass man ihn, ohne den Kopf erheblich senken zu müssen, beim Betrachten der Fahne noch im unteren Blickfeld hat; also etwa fünf Meter. Atmen Sie tief durch den Bauch ein und wieder aus. Entspannen Sie sich. Spüren Sie die Ruhe.

2. Die Hindernisse werden registriert. Dies erfolgt grundsätzlich von außen nach innen, der letzte Blick bei dieser ersten Zielerfassung gilt der Fahne (oder dem Punkt auf dem Grün, den Sie anspielen wollen). Denken Sie daran: die Hindernisse sind von Architekten aufgestellte Leitlinien hin zum Grün. Liegt ein Bunker direkt in der Ball-Fahnen-Linie, kann es sinnvoll sein, einen Punkt auf dem Grün anzuvisieren, der nicht hinter einem Bunker liegt. Schlagen Sie nie einen Ball, nachdem Sie noch einmal schnell zur gefürchteten Auslinie gesehen haben. Rufen Sie sich niemals unmittelbar vor dem Schlag die letzte Misere in einem Bunker in Erinnerung. Sie würden sonst Ihr Unterbewusstsein programmieren, diesen Bunker auch zu treffen. Wählen Sie ein Zwischenziel, also einen Punkt, der sich auf dem Fairway zwischen Ihrem Ziel und Ihrem Ball befindet. Als Zwischenziele kommen beispielsweise Divots, längere Grashal-

me, Verfärbungen, Blumen oder ähnliches im Bereich von 2-3m vor dem Ball in Frage. Wählen Sie bei windigem Wetter keine Blätter oder andere bewegliche Objekte, da sie unbemerkt Ihre Lage verändern könnten und somit Ihre Zielausrichtung verschieben würden. Ein Zwischenziel dürfen Sie sich nicht selbst setzen, das heisst, Sie dürfen nicht beispielsweise ein Tee in den Boden stecken oder ein Geldstück verwenden. Das Zwischenziel muss, wenn Sie an Ihren Ball herantreten bereits vorhanden sein. Bei den Abschlägen haben Sie allerdings die Möglichkeit, Ihren Ball so aufzuteen, dass sich ein gut zu erkennendes Zwischenziel bereits in Ihrer Ball-Ziellinie befindet. Das Zwischenziel erleichtert Ihnen das korrekte Ausrichten in zweifacher Weise: Zum einen können Sie sich auf einen kleinen Bereich zwischen Ball und Zwischenziel konzentrieren und sich parallel zur gedachten Verbindungslinie ausrichten. Die seitliche Stellung zum Ziel verursacht bei den meisten Golfern eine Ausrichtung die rechts am Ziel vorbeiführt. Mit dem Zwischenziel ist diese Gefahr behoben. Der zweite Vorteil besteht darin, dass Sie, wenn Sie einige Routine im Umgang mit einem Zwischenziel gesammelt haben, alle Unsicherheiten und Zweifel bezüglich Ihrer Ausrichtung, die sich wieder negativ auf Ihren Schlag auswirken könnten, getrost vergessen können, denn Ihre Zielausrichtung stimmt ja. Vielleicht erinnern Sie sich an das beruhigende Gefühl, als der Mitspieler bei einem Vierer oder der Trainer Ihre eigene Ausrichtung überprüft und grünes Licht gab. Man kann sich ganz auf den Schwung konzentrieren und voller Selbstvertrauen den Ball ins Ziel Schlagen.

3. An diesem Punkt angekommen folgt nun die Visualisierung des bevorstehenden Schlages. Sie stellen sich Ihren Golfschwung, die Flugbahn des getroffenen Balles und die Landung auf dem Grün vor. Der von Ihnen geplante Schlag läuft vor Ihnen wie ein kleiner Film ab. Sie haben sich gesehen, wie Sie den folgenden Schlag bereits perfekt ausgeführt haben. Ihr Unter-

bewusstsein hat den geplanten Schlag aufgenommen, ihn als bereits erfolgreich ausgeführt akzeptiert und wird nun alles daran setzen, diese Vorstellung in die Tat umzusetzen. Dieser Bereich ist enorm wichtig und darf unter keinen Umständen als Hokuspokus abgetan und somit ausgelassen werden. Viele Spieler verwenden einen so genannten körperlichen Anker um die Routine und die Visualisierung einzuleiten. Dieser Anker kann ein Ballen der Faust, das Öffnen und Schließen des Klettverschlusses Ihres Handschuhs oder ein kräftiges Ein- und Ausatmen sein. Ein solcher Anker führt nach einiger Zeit der Anwendung zu einem Automatismus, der das ganze Bewusstsein und Unterbewusstsein auf den kommenden Schlag vorbereitet.

4. Gehen Sie auf den Ball zu. Setzen Sie Ihren rechten Fuß in einem Winkel von 90 Grad zur (Zwischen-)Ziellinie gegenüber dem Ball auf. Halten Sie den Schläger in der rechten Hand und setzen Sie ihn auf der Sohle direkt hinter dem Ball auf. Die Schultern sind noch offen (zeigen links vom Ziel). Visieren Sie Ihren (Zwischen-)Zielpunkt an. Setzen Sie ihren linken Fuß neben den rechten, mit genau dem Abstand zum Ball (rechten Fuß), den Sie für den bevorstehenden Schlag für angemessen halten. Greifen Sie den Schläger nun mit der linken Hand, richten Sie Ihre Schultern zur (Zwischen-)Ziellinie aus und lassen Sie den rechten Arm locker am Körper herunter hängen. Sehen Sie zum Ziel. Positionieren Sie Ihren rechten Fuß nun rechtwinklig zur (Zwischen-)Ziellinie, versuchen Sie aber einen Stand einzunehmen, bei dem die Außenkanten ihrer Schuhe nicht mehr als schulterbreit auseinander liegen. Beim Einnehmen des Standes können Sie mehrmals Ihr Gewicht leicht von einem Bein auf das andere Verlagern um einen sicheren Stand zu erhalten. Nehmen Sie Ihren Griff ein. Blicken Sie zum Ziel.

5. Der nun folgende Übergang von Nachdenken, Planen zum Schlag – also der Wechsel von Passivität hin zur Aktion

kann erleichtert werden, indem man einen so genannten Waggle durchführt, also den Schläger aus den Handgelenken etwas hin- und herbewegt. Auch ein Probeschwung, den man grundsätzlich vor jedem Schlag durchführen sollte lockert die Muskeln und hilft, den bevorstehenden Schlag zum Erfolg werden zu lassen. Auf vielen Golfplätzen sind am Abschlag Schilder aufgestellt, die einen Probeschwung verbieten. Lassen Sie sich davon nicht abschrecken – gehört ein Probeschwung zu ihrer normalen Schlagvorbereitung, führen Sie ihn auch selbstverständlich auf dem Abschlag durch. Sie sollten allerdings streng darauf achten, kein Divot zu schlagen. Der Zorn des Greenkeepers ist Ihnen sonst gewiss. Denken Sie bei Ihrem Probeschwung nicht an zu viele technische Details, machen Sie einen lockeren Schwung, der Ihre Muskeln in Bereitschaft setzen soll.

6. Diese gesamte Schlagvorbereitung, insbesondere der Teil nachdem Sie ihren endgültigen Stand eingenommen haben, sollte nicht zu lange dauern, da sich sonst Ihre Muskeln verspannen könnten. Auch der Zeitraum nach dem letzten Blick zum Ziel bis zum Schlag sollte eher kurz ausfallen. Sie haben den richtigen Schläger gewählt, korrekt gezielt, den Schlag geplant und visualisiert – also keine Zeit verlieren – schlagen Sie den Ball zur Fahne. Dieser Punkt verursacht oft erhebliche Schwierigkeiten, was dazu führen kann, dass sich die Routine immer weiter in die Länge zieht, weil der Spieler, nur um noch nicht schlagen zu müssen immer weitere Elemente wie Waggles, erneute Blicke zum Ziel oder sonstige Zuckungen einfügt. Versuchen Sie loszulassen, Ihr Unterbewusstsein übernimmt die Kontrolle über Ihren Körper und führt den Schlag in geplanter Weise aus. Sollten Sie sich, bis zur endgültigen Etablierung Ihrer Routine, noch etwas unwohl fühlen, atmen Sie tief ein und aus – dies hilft, Verspannungen zu lösen und den Blutdruck zu senken.

7. Versuchen Sie stets mit positiven Gedanken an einen Schlag heranzutreten. Ihr Unterbewusstsein hat einen sehr großen Einfluss auf Ihr Spiel. Negative Gedanken führen zu schlechten Schlägen und helfen Ihnen nur wenig bei dem Bestreben, ein besserer Spieler zu werden. Es ist unvorteilhaft, sich vorzunehmen, nicht in den Fairwaybunker auf der linken Seite zu spielen. Nehmen Sie sich besser vor, die Landezone auf der rechten Fairwayhälfte anzuspielen. Hindernisse sind nur Leitlinien auf dem Weg zum Ziel. Der Architekt hat die Bunker gebaut, um Sie auf dem Weg zum Fairway zu leiten und nicht abzulenken. Denken Sie also an Ihre Zielzonen und nicht an den Bunker, den Sie ohnehin nicht treffen wollen.

Zusammenfassung der Pre-Shot-Routine:

- Stellen Sie sich hinter den Ball und atmen Sie tief durch. Konzentrieren Sie sich auf den Schlag – Außeneinflüsse nehmen Sie nicht mehr wahr.
- Planen Sie den Schlag, wählen Sie Ihr (Zwischen-)Ziel. Diese Elemente dürfen dann nicht mehr in Frage gestellt werden, da dies sonst zu Verunsicherungen führt und sich negativ auf den Schlag auswirken wird.
- Visualisieren Sie den Schlag. Motivieren Sie sich durch positive Selbstgespräche oder einen geeigneten Schwunggedanken selbst.
- Setzten Sie die Schläger square zur Ziellinie auf und richten Sie Ihre Körperpositionen entsprechend dem Schlägerblatt aus.
- Führen Sie einen Waggle und/oder Probeschwung aus.
- Blicken Sie zum noch einmal zu Ihrem Zielpunkt (muss nicht unbedingt die Fahne sein).
- Führen Sie den Schlag entspannt und selbstbewusst aus. Sie haben sich gut vorbereitet und haben alles gegeben.

Mehr können Sie nicht tun. Setzten Sie sich nicht durch Erwartungen unter Druck. Der Schlag ist das Resultat Ihrer Vorbereitungen.

- Beobachten Sie entspannt den Ballflug und das Ergebnis Ihres Schlages. Bilden Sie zwischen dem was Sie sehen und dem noch nachwirkenden Gefühl des Schwungs Rückkopplungen und lernen Sie daraus. Halten Sie Ihre Emotionen auf einem niedrigen aber zu Ihrem Temperament passenden Niveau.

Wahrscheinlich werden Sie sich fragen, ob diese Zeremonie vor jedem Schlag nötig ist. Vielleicht kommt Ihnen diese Art der Schlagvorbereitung auch zu umständlich vor.

Wie bei allen Änderungen im Golf stellt auch der Aufbau einer eigenen Schlagroutine eine anspruchsvolle und vor allem in der anfänglichen Umgewöhnungsphase eine zeitaufwendige Aufgabe dar. Lassen Sie sich aber nicht von anfänglichen Schwierigkeiten entmutigen, denn für alle Schwung- und Gewohnheitsumstellungen gilt: vor den Erfolg haben die Götter den Schweiß gesetzt. Eine direkte Umsetzung einer Schwungänderung wird selten sofort zum Erfolg führen. Gelingt es Ihnen, Ihren Schlag in eine Pre-Shot-Routine ähnlich des Beispiels einzubetten, werden Sie feststellen wie sehr Ihnen dies beim Bestreben, gleichmäßige und vorhersehbare Schläge auszuführen, unterstützen wird.

Ein gleichmäßiger Rhythmus und eine ständige Zielprogrammierung sind wahrscheinlich mehr als alles andere das Geheimnis des Erfolges der Pro's.

Vielleicht werden Sie sich fragen, wo die allseits beliebten Schwunggedanken bleiben. Sollten diese nicht bei Punkt 5 eingebaut werden?

Der ganze Golfschwung dauert zwischen ein und zwei Sekunden – ein Schwunggedanke bezieht sich in der Regel auf einen Teil des gesamten Schwungs. Dieser Teil läuft in einer Zeitspanne von unter einer Sekunde ab. Allein aus zeitlichen Gründen ist es für uns unmöglich den Golfschwung mit dem Bewusstsein zu kontrollieren.

Fraglich bleibt nun, an was man während des Schwungs denken soll, wenn nicht an einen Schwunggedanken. Oder soll man überhaupt an etwas denken? Hierzu gibt es recht unterschiedliche Meinungen. Der Idealzustand wäre sicher ein völliges Abschalten der Gedanken. Dies ist aber nahezu unmöglich, da unser Gehirn ständig arbeitet. Der Versuch, nichts zu denken, könnte also im entscheidenden Moment scheitern und ein negativer Gedanke könnte im ungünstigsten Moment aufblitzen.

Die oben erwähnten Schwunggedanken werden oft als Ersatz für diese kaum zu erreichenden Gedankenleere genommen. Leider sind sie aber kein allzu guter Ersatz, da sie sich immer nur auf einen sehr kleinen Teilbereich des Golfschwungs beziehen.

Gerade bei Anfängern, die noch an mehreren Stellen ihres Schwungs arbeiten müssen, reicht ein Schwunggedanke nicht aus, um sich nochmals alle wichtigen Elemente in Erinnerung zu rufen. Für mehrere Schwunggedanken bleibt aber keine Zeit. Entscheidet man sich für einen Schwunggedanken zum Beispiel die Drehung der Schultern, so könnte die Hüftdrehung, an der auch in letzter Zeit gearbeitet wurde, etwas in Vergessenheit geraten. Vorteilhaft sind daher Gedanken, die den ganzen Schwung betreffen und auf einen flüssigen Rhythmus oder ein gutes Tempo hinarbeiten. So kann man sich einen Golfschwung eines Pro's ins Gedächtnis rufen, der dem eigenen Schwung sehr ähnlich ist. Auch Gedanken an etwas Fließendes oder Pendelndes können dem Schwunggefühl zuträglich sein.

Wenn Sie sich etwas vorsprechen wollen, verwenden Sie doch die Zahlen eins und zwei. Sagen sie »eins« im Verlauf des Aufschwungs und »zwei« im Durchschwung. Probieren Sie es aus, es funktioniert. Ihr Bewusstsein ist damit beschäftigt, das Ende des Aufschwungs abzupassen um dann »zwei« zu sagen. Damit nimmt man ihm den Platz für negative, unerwünschte Gedanken.

Viele gute Spieler visualisieren den Schlag im Verlauf ihrer Pre-Shot-Routine und lassen den Schlag dann einfach geschehen. Sie versuchen, nicht an einzelnen Schwungkomponenten zu denken sondern vollführen einen rhythmischen, kompletten Golfschlag in der Art wie sie ihn zuvor auf der Range geübt haben. Das zu starke Hervorheben eines Teilbereichs des Golfschwungs führt zur Überbetonung desselben, eventuell zur Vernachlässigung eines anderen Bereichs und dies ist auf jeden Fall negativ für den Rhythmus.

Wenn Sie der Meinung sind, dass Ihnen Schwunggedanken helfen können, verwenden Sie immer solche, die Sie dabei unterstützen rhythmisch zu schwingen oder sich auf Ihr Tempo beziehen und weniger solche, die etwa lauten »Schulter 90 Grad, Hüfte 45 Grad«.

Experimentieren Sie und finden Sie Ihre eigene Routine, die Sie ab dann **immer** (bei jedem Schlag auf dem Platz und in regelmäßigen Abständen auch bei den Übungsschlägen auf der Range) einsetzen, um sich optimal auf einen Schlag einzustellen. Vergessen Sie nicht: der Mensch ist ein »Gewohnheitstier« – neue Gewohnheiten etablieren sich nur langsam. Führen Sie Ihre Routine über einen Zeitraum von vier Wochen korrekt aus und die daraus resultierenden Erfolge werden Sie für Ihre Beständigkeit belohnen.

Was Sie bis hier her gelernt haben:

- Der Übergang von Ruhe zur Aktion unmittelbar vor dem Schlag stellt eine Sondersituation im Sport dar.
- Die Schlagvorbereitungsroutine als ein Muster aus immer gleich ablaufenden Gedanken und Handlungen hilft, diesen schwierigen Übergang zu meistern.
- Hektische (Fehl-)Entscheidungen und Angstzustände werden vermieden.
- Schwunggedanken sollten den ganzen Schwung behandeln, nicht nur kleine Teilbereiche.
- Zielerfassung und Visualisierung programmieren das Unterbewusstsein.

Was Sie an dieser Stelle ausprobieren sollten:

- Entwickeln Sie Ihre eigene Routine und probieren Sie diese auf der Range und später auf dem Platz aus.

Beachten Sie: Die von Ihnen gewählte Variante der Pre-Shot-Routine muss in einem Stück ausgeführt werden. Sollten Sie während Ihrer Schlagvorbereitung durch Ihre Mitspieler, Zuschauer, Lärm oder sich ändernde Spielverhältnisse (plötzlich aufkommender Regen oder Wind) gestört werden, so treten Sie einige Schritte weg vom Ball und beginnen Sie von vorne. Ein Unterbrechen und Wiederaufnehmen der Pre-Shot-Routine wird nicht die gewünschten positiven Effekte bei der Einbettung des Schlages in ein gewohntes und sicherheitsspendendes Umfeld liefern.

Visualisierung bevorstehender Schläge

Ich verstehe aber unter Geist die Kraft der Seele, welche denkt und Vorstellungen bildet. *Konfuzius*

Viele von Ihnen werden schon einmal gehört haben, dass Jack Nicklaus von sich behauptet, nie einen Schlag ohne klares Ziel ausgeführt zu haben – noch mehr sogar: Er behauptet, jeden Schlag im vorhinein sozusagen als Film vor seinem geistigen Auge gesehen zu haben. Diese Technik nennt man Visualisierung. Es mag etwas befremdlich klingen, ja geradezu mühevoll sich vor jedem Schlag genau vorzustellen, wie der Ball fliegen soll. Viele von Ihnen werden solchen Methoden auch sehr skeptisch gegenüberstehen und positive Auswirkungen dieser Vorgehensweise zumindest anzweifeln.

Aber fragen Sie sich doch einmal, ob Sie diese Methode nicht schon selbst erfolgreich angewendet haben – selbstverständlich unbewusst – aber mit Erfolg.

Nachdem ich mich zum erstenmal ernsthafter mit dieser Technik beschäftigt habe, wollte ich herausfinden, ob wirklich etwas dran ist. Ich habe festgestellt, dass ich an einem Par fünf, welches so gebaut ist, dass man mit dem zweiten Schlag den Ball oft nur vor ein Biotop vorlegen kann, diese Methode bereits des öfteren erfolgreich angewendet habe. Anfangs hatte ich immer größere Probleme mit diesem zweiten Schlag. Das angesprochene Par fünf, das 18. Loch meines Heimatvereins ist ein Dogleg mit einem Biotop unmittelbar vor dem Grün. Ein normaler Drive erlaubt es in der Regel nicht, das Grün direkt mit dem zweiten Schlag anzuspielen und man ist gezwungen, einen Schlag von etwa 100 bis 130 Meter Länge auf ein breites Fairway zwischen einem weiteren Biotop und der Ausgrenze zu spielen. Zwischen dem Biotop auf der linken Seite und der Ausgrenze rechts liegen cirka 50 Meter mit jeweils zwei ungefährlichen Semiroughzonen. Der Schlag stellt also keine besondere Herausforderung dar. Trotzdem verursachte er mir immer etwas Unbehagen: kein konkretes Ziel, Biotop links, Ausgrenze rechts – zwar in ausreichender Entfernung aber doch vorhanden (und beides bereits getroffen). Des Weiteren ist dieses Loch oft turnierentscheidend – entweder muss ein Vorsprung gehalten oder ein Rückstand noch aufgeholt werden.

Während der ersten Turnierrunden auf diesem Platz hatte ich große Mühe den Ball auf dem Fairway vor dem frontalen Biotop abzulegen; manche Bälle landeten fast im Aus; manche im Biotop links. Die Unsicherheit ärgerte mich sehr, und ich sah mich gezwungen, meine Taktik zu ändern. Ich versuchte nun, das Dogleg mit meinem Drive abzukürzen und den Ball direkt vor das frontale Wasserhindernis zu spielen, um so dem ungeliebten 130-Meter-Schlag zu entgehen und als Belohnung sogar mit zwei Schlägen das Grün zu erreichen. Leider folgten auch andere Spieler dieser neuen Variante, was eine zunehmende Gefährdung der Spieler auf dem überspielten Nachbarfairway zur Folge hatte. Der Vorstand entschloss sich, die benachbarte Spielbahn zum Out-of-bounce zu erklären, was dem Abschlag dann noch mehr Präzision abverlangte. Zu allem Überfluss wurde vor dem Abschlag noch ein großer Baum gepflanzt, was ein Abkürzen weiter erschwerte.

Es half nichts – ich musste mich mit dem ungeliebten zweiten Schlag auseinandersetzen. Beim nächsten Turnier stand ich wieder 250 Meter vom Grün entfernt, kurz davor einen Alles-oder-nichts-Schlag mit dem Driver vom Fairway zu versuchen, als ich mich doch für den »sicheren Schlag« mit dem Eisen acht entschied. Sofort kamen aber wieder die Zweifel und die Erinnerungen an die zahlreichen unglücklichen Schläge an diesem Loch zurück. Mit einiger Resignation fragte ich mich: »wieso bereitet Dir ein einfacher Schlag mit dem Eisen acht auf eine Fläche eines Fußballfeldes soviel Kopfzerbrechen. Das Grün von Loch drei (einem Par drei gleicher Länge) triffst Du doch auch immer.« Dies war die Lösung: Ich stellte mir in der gewünschten Landezone eine Fahne vor und visierte diese in gewohnter Weise an.

Ich stellte mir vor, wie mein Ball genau auf diese Fahne zufliegt und in unmittelbarer Nähe liegen bleibt. Das gab mir die zuvor vermisste Sicherheit zurück. Der Schlag war nun plötzlich sehr einfach. Ich konnte meine Schlagvorbereitungsroutine wie gewohnt durchlaufen, hatte ein Ziel und führte den Schlag mit Selbstvertrauen aus. Selbst in mental schwächeren Augenblicken, in denen es mir nicht gelingt alle Selbstzweifel auszuschalten, quittiere ich den Blick auf die Ausgrenze mit einem Lächeln – ein Grün von 40 Meter Breite kann man gar nicht verfehlen. Haben Sie schon ähnliche Situationen erlebt?

Eine andere Situation, in der Sie vielleicht einen Schlag visualisiert haben könnten, ist ein Schlag aus einem Waldstück heraus. Nachdem Sie Ihren Ball wieder gefunden hatten, stellten Sie fest, dass es nur einen Weg aus dem Wald heraus gab. Leider war nur eine kleine Lücke zwischen einem dicken Baum und einem Busch auszumachen. Erhöhte Konzentration und erhöhte Präzision sind angesagt: Sie haben sich mit der Zielfindung mehr beschäftigt als sonst, sie haben eine Lücke gesucht und zwischen den verschiedenen Alternativen abgewogen und sich schließlich für die einzig in Frage kommende Lücke entschieden. Der Ball muss diese Lücke treffen. Immer und immer wieder haben Sie diese Lücke betrachtet und den Ball förmlich schon durchfliegen sehen, ohne ihn schon geschlagen zu haben. Sie haben den Schlag visualisiert, also vor dem eigentlichen Schlag eine Art Film des geplanten Schlages gesehen. Sie konnten auch nicht anders, da das übliche Draufschlagen ohne weitere Vorbereitung hier nicht funktionieren kann. Die kleinste Ungenauigkeit würde den Ball vom Baum noch tiefer in den Wald springen lassen. Sie erlaubten sich keine Nachlässigkeit – dieser Schlag musste funktionieren. Erstaunlicherweise funktionieren Schläge aus dem Wald oft in der geplanten Weise. Man freut sich über den Erfolg, ist aber vielleicht doch etwas verwundert, warum gerade dieser anspruchsvolle Schlag so gut funktioniert hat, wo man doch oft genug nicht einmal ein großes Grün treffen kann.

Der Grund für diesen Erfolg ist die Zielprogrammierung in Form der Visualisierung des bevorstehenden Schlages. Wenn dies bei Schlägen im Wald funktioniert, warum soll es nicht auch bei vergleichsweise einfachen Schlägen vom Fairway funktionieren? Probieren Sie es aus und widerstehen Sie Ihrer Bequemlichkeit, diesem (einfachen) Schlag die nötige Aufmerksamkeit zu verweigern.

Die Zielvisualisierung programmiert Ihr Unterbewusstsein mit der gewählten Schlagvariante. Nur, wenn Sie Ihr Unterbewusstsein korrekt programmieren, können Sie sich seine Fähigkeiten bei der Steuerung Ihres Körpers zunutze machen. Verzichten Sie nicht auf dieses Hilfsmittel der Champions. Probieren Sie es aus und Sie werden überrascht sein, wie gut es funktioniert.

Beobachten Sie die Zielvisualisierung der Pro's bei der nächsten TV-Übertragung. Viele Pro's scheinen, wenn sie ihr Ziel anvisieren, einem unsichtbaren Ball, der durch die Luft fliegt zu folgen – sie blicken nicht nur zur Fahne, sondern sie stellen sich genau die Flugbahn des Balles vor und Programmieren sich so für den folgenden Schlag. Diese Technik sollten Sie bei allen Schlägen anwenden. Angefangen vom Drive, der nach langer Flugbahn auf dem Fairway landet und ausrollt bis hin zum Putt der an die hintere Lochkante prallt und im Loch verschwindet.

Schlagnachbereitung (Post-Shot-Routine)

Das Erleben eines Schlages, unabhängig von seinem Ergebnis, kann Sie, wenn Sie dieses Erlebnis richtig verarbeiten, im Golf weiterbringen.

Bei missglückten Schlägen sieht man oft den Spieler die falsche Bewegung wiederholen und sich schimpfender Weise fragen, wie so etwas passieren konnte. Gerade die Wiederholung einer schlechten Bewegung ist kontraproduktiv. Die fehlerhafte Bewegung soll schließlich nicht gespeichert, sondern wenn möglich für immer verbannt werden. Sollte ein Schlag einmal nicht zu Ihrer Zufriedenheit ausgefallen sein, nehmen Sie sich die Zeit, die negative Erfahrung des Fehlschlages durch eine positive Erfahrung zu überdecken. Verwenden Sie eine körperliche Bewegung, die Ihnen nochmals verdeutlicht, dass der Schlag abgehakt wurde. Denken Sie an die »Trampelpfade« – minimieren Sie durch eine nichtemotionale, sachliche Reaktion den Zugang der schlechten Schläge in Ihre Erinnerung.

Konzentration und Erholung – bleiben Sie in der Gegenwart

Ich habe in meinem Leben viele schlimme Dinge erlebt – einige davon sind tatsächlich passiert. *Mark Twain*

Aus Gesprächen mit vielen Golfern weiß ich, dass ein gutes Turnierergebnis oft daran scheitert, dass sie es sich nicht vorstellen können, ihr Potenzial über einen Zeitraum von vier bis fünf Stunden und 80 bis 100 Schlägen konstant abrufen zu können. Diese Golfer verursachen bei sich selbst mentale Blockaden, die sie später nicht mehr einreißen können. Die bevorstehenden 18 Löcher scheinen zentnerschwer auf ihnen zu lasten.

Dies gilt insbesondere dann, wenn die scheinbar natürlichen Barrieren im Golf durchbrochen werden sollen. Zu diesen natürlichen Barrieren zählt neben dem ersten Handicap ein Ergebnis von unter 100, unter 90, unter 80 und unter Par.

Zugegeben unter realistischer Betrachtung muss wohl jeder Amateur zu dem Schluss kommen, dass während einer Runde immer einige schlechte Schläge vorkommen können und man sich damit in schwierige Situationen bringen kann. Dies geht aber Spitzenamateuren und selbst Golfpro's ebenso. Über den tatsächlichen Einfluss dieser schlechten Schläge auf den Gesamtscore entscheidet zu einem großen Anteil die Fähigkeit, sich aus solchen Situationen wieder befreien zu können. Ein durchaus bedeutender – weithin unterschätzter – Teil nimmt aber die Art und Weise ein, wie man mit diesen »drohenden« schlechten Schlägen umzugehen vermag.

Da man schlechte Schläge nicht ausschließen kann, muss man sie hinnehmen und aus der entstandenen Situation das Beste machen. Problematisch werden schlechte Schläge nur dann, wenn die Angst vor ihnen die gesamte Runde beeinflusst. Wenn man am ersten Abschlag schon an die schlechten Schläge des dritten, fünften oder 17. Loch denkt, werden diese Schläge weder vermieden, noch erweist man sich einen besonderen Dienst für den gerade zu spielenden Schlag.

Die Angst vor den (unvermeidbaren) schlechten Schlägen führt bei vielen Spielern zu einer derart starken Verkrampfung, dass sie nicht mehr in der Lage sind, ihr Potenzial völlig zu entfalten. Rückt etwa der gefürchtete Schlag über ein Wasserhindernis während der Runde immer näher, nehmen Verkrampfung und Adrenalinproduktion ständig zu. Damit verschlechtern sich aber die Voraussetzungen für gutes Golf von Loch zu Loch – der Einbruch ist nur eine Frage der Zeit.

Verspannte Muskeln spielen leider kein gutes Golf – was die erwartet schlechten Schläge wahrscheinlich zu tatsächlich schlechten Schlägen werden lässt. Ein Teufelskreis aus Befürchtung und Bestätigung, der schon machen Amateur an seiner golferischen Entwicklung entscheidend gehindert hat, entsteht.

Vermeiden Sie die Betrachtung der Runde als eine Einheit von 18 Löchern. Zu glauben, man wäre in der Lage, alle Schläge einer Runde, unter Berücksichtigung der eigenen Fähigkeiten, sehr gut auszuführen, verlangt schon ein erhebliches Maß an Selbstvertrauen.

Im täglichen Leben kennt man die Auswirkungen zu starker Beschäftigung mit negativen Zukunftsereignissen. Wird man zu einem Gespräch mit dem Chef gebeten, kann dies die Stimmung kommender Tage sehr belasten. Menschen, die dazu neigen, sich in ihre (teilweise unbegründeten) negativen Erwartungen hineinzusteigern, werden in solch einer Situation immer nervöser und angespannter. Ist der Termin überstanden geht es ihnen plötzlich wieder besser – zumal sich der vermeintlich schwierige Besuch beim Chef als längst nicht so unangenehm wie erwartet entwickelt hat. Interessanterweise schaffen es manche Menschen, fernab jeder realistischen Einschätzung, sich dieses Gespräch äußerst negativ vorzustellen. Ein Art Gedankenlawine entwickelt sich, die negative Erwartungshaltung verstärkt sich von Stunde zu Stunde. In Gedanken spielt man den Verlauf des bevorstehenden Gespräches immer wieder durch – selbstverständlich mit negativem Ausgang. Sinnvoll wäre es hier, die sich entwickelnde Gedankenlawine zu erkennen und zu stoppen bevor Sie richtig Fahrt aufnehmen kann.

In ähnlicher Weise wirkt sich beim Golf die Angst vor Fehlschlägen negativ auf alle kommenden Schläge aus. Ihr ganzes Selbstvertrauen wird gefährdet, Sie verlieren Ihre Konzentrationsfähigkeit und Lockerheit. Tritt dann tatsächlich ein solcher Schlag ein (für den Sie mit Ihrer Angst beste Voraussetzungen geschaffen haben) bricht alles in sich zusammen.

Zerteilt man die Runde aber in 18 Teile oder sogar in ihre einzelnen Schläge, verlangt es wesentlich weniger Selbstvertrauen und Mut zu behaupten, dass man sich in der Lage fühlt, den gerade bevorstehenden Abschlag oder einen Bunkerschlag solide auszuführen. Gelingt es Ihnen, die Runde in Einzelteilen zu betrachten, werden Sie sehr viel lockerer zum ersten Abschlag gehen können, da Sie nur diesen Schlag vor Augen haben, ohne sich gleichzeitig noch mit 80 oder 100 weiteren Schlägen belasten zu müssen.

Haben Sie dann noch eine Rundenplanung für Ihren Heimatplatz bereit, erspart Ihnen dies noch weitere Gedanken an die folgenden Schläge.

Versuchen Sie, in der Gegenwart zu bleiben. Sie spielen immer nur den unmittelbar bevorstehenden Schlag. Nicht den Drive am nächsten Loch oder den misslungenen Abschlag auf der vorangegangenen Spielbahn. Der nächste Schlag ist der wichtigste.

Was die Konzentrationsleistung über vier Stunden betrifft, sollten Sie ebenfalls etwas anders an die Sache herangehen.

Bei einer Schlagzahl von 85 und einer Dauer von 45 Sekunden pro Schlag inklusive aller Vorbereitungen, müssen Sie sich eigentlich nur 65 Minuten lang konzentrieren. Versuchen Sie, die Zeit zwischen den Schlägen zur Entspannung zu Nutzen. Erfreuen Sie sich an der Natur und Ihnen wird die Runde wesentlich stressfreier und weniger verkrampft vorkommen. Folgen Sie der Empfehlung von Walter Hagen, einem legendären Golfer der 30er Jahre, sich zwischen den Schlägen die Zeit zu nehmen, um an den Rosen zu riechen. Durchbrechen Sie die Gedankenkette, die sie nach jedem Schlag sofort wieder an den nächsten Schlag denken lässt. Beschäftigen Sie sich nicht ständig mit Ihrem Score oder Ihren Punkten. Machen Sie sich frei von allem, was Sie unter Druck setzen könnte. Bleiben Sie mit Ihren Gedanken im Hier und Jetzt – übrigens die einzige Zeitspanne die sie bewusst erleben und damit auch genießen können.

Vielleicht kennen Sie folgendes Erlebnis: bis zum 14. Loch haben Sie gut gespielt, ohne Ihrer Scorekarte besondere Beachtung zukommen zu lassen. Am 15. Abschlag werden Sie jedoch neugierig, zählen Ihre Punkte zusammen und stellen fest, dass Ihnen zu einer Handicapunterspielung nur noch vier Punkte fehlen: Bei noch vier zu spielenden Löchern eigentlich kein Problem. Gleichzeitig rechnen Sie aus, um wie viel Sie Ihr Handicap verbessern könnten, wenn es Ihnen gelänge die Runde wie bisher fortzusetzen. Die greifbar nahe Handicapverbesserung macht Sie etwas nervös. Nach einem verpatzten 15. Loch rechnen Sie erneut. Leider gelingt es Ihnen nicht, sich wieder auf Ihr Spiel zu konzentrieren. Es kommen nur noch 3 Punkte hinzu – weder die sicher geglaubte Handicapverbesserung noch die erhoffte Trophäe werden Wirklichkeit. Aufgrund der Ablenkung vom eigentlichen Spiel wurde die gut verlaufene Runde doch noch zur Enttäuschung. Sie waren mit Ihren Gedanken in der Zukunft gefangen – für die Gegenwart und damit für den auszuführenden Schlag war keine Konzentrationsfähig mehr übrig.

Vermeiden Sie daher negative Gedanken. Weder in Bezug auf kommende Löcher, die Ihnen eventuell Unbehagen bereiten noch in Bezug auf zurückliegende schlechte Schläge oder verpasste Chancen. Bleiben Sie in der Gegenwart und spielen Sie immer nur den nächsten Schlag.

Diesen Wechsel zwischen Anspannung und Erholung sollten Sie, um ihn tief und fest in sich zu verankern auch in Ihrem Training einüben. Legen Sie während der Trainingsphase immer wieder Pausen ein und entspannen Sie sich. Nicht wie ein Maschinengewehr 120 Bälle in dreißig Minuten schlagen, sondern immer wieder Pausen machen. Qualität statt Quantität sollte Ihr Motto sein.

Auch eine Pause zwischen zwei Trainingseinheiten kann hilfreich sein. Das Erlernte kann sich setzen und man verliert nicht den Biss durch zu häufiges Golf. Versuchen Sie Ihre Trainingsrunden und Ihre Turnierrunden in gleicher Form zu spielen. Das bedeutet: Wenn Sie es richtig finden, sich im Turnier auf jeden Schlag vorzubereiten, Ihre Routine zu durchlaufen oder den Putt von zwei Seiten zu betrachten, dann sollten Sie dies auch während der Übungsrunde tun. Private Trainingsrunde überwiegen in Ihrer Anzahl normalerweise (wichtigen) Turnierrunden. Daher ist es schwierig, sich im Turnier plötzlich völlig anders zu verhalten und von sich zu erwarten, mit diesem anderen, eventuell den eigenen gewohnten Rhythmus störenden Verhalten, auch noch besser Golf spielen zu können. Umgekehrt gilt dies auch, wenn jemand gewohnt ist, seine Entscheidungen auf dem Golfplatz schnell, quasi aus dem Bauch heraus zu treffen, wird er bei einem Turnier mit langem Grübeln über den bevorstehenden Putt keine Lorbeeren ernten. Es sollten die eigenen Gewohnheiten und der eigene Rhythmus erhalten bleiben und so ein positives, weil gewohntes Umfeld für jeden Schlag geschaffen werden.

Sollte es dennoch einmal zu Konzentrationsschwächen kommen, ist es wichtig, diese sofort zu erkennen bevor sich diese Schwächephase auf mehrere Schläge oder Löcher ausbreiten kann.

Überprüfen Sie kurz ob Sie:

- ☐ gedanklich schlechten Schlägen oder verpassten Chancen der bisherigen Runde nachtrauern, sich also mit der Vergangenheit befassen.

- ☐ gedanklich schon am 18. Loch, dem noch kommenden schwierigen Loch oder der Preisverleihung im Clubhaus sind.
- ☐ ob Sie Ihre Routine durchlaufen.
- ☐ zu wenig gegessen und getrunken haben und die Konzentrationsschwäche damit körperliche Ursachen hat.
- ☐ ob ein Mitspieler oder das Verhalten des Flights Ihrer Konzentration entgegenwirkt.

Liegt der Grund Ihrer Unkonzentriertheit im Verhalten der anderen Mitspieler (dies bitte nicht als leichtfertige Ausrede benutzen), dann haben Sie im Golf alle Möglichkeiten, sich etwas räumliche Distanz zu verschaffen und wieder zu Ihrem Spiel zu finden. Liegt die Unkonzentriertheit an einem veränderten Spielrhythmus ihrerseits, so nehmen Sie sich die Zeit, die Routine im gewohnten Umfang zu durchlaufen.

Haben sie zuwenig getrunken oder gegessen, lassen sich die daraus resultierenden Schwächen nicht unmittelbar beheben. Trinken und essen Sie etwas und verpflegen Sie sich bei der nächsten Runde gleichmäßiger und von Anfang an.

In allen anderen Fällen dürfte die Konzentration aufgrund Ihres Abschweifens von der Gegenwart und damit dem jetzt zu spielenden Schlag verloren gehen. Vergegenwärtigen Sie sich Ihre Gedanken. Lassen Sie keine Ablenkung zu. Sollten Sie sich dennoch dabei ertappen, können Sie einen einfachen aber effektiven Trick anwenden: Atmen Sie tief durch den Bauch ein und aus. Konzentrieren Sie sich auf Ihr Atemgeräusch und Sie werden wieder in die Gegenwart zurückfinden. Insbesondere die Zeit zwischen zwei Schlägen birgt die Gefahr, die Gegenwart zu verlassen und vergangene oder noch kommende Schläge zu durchlaufen. Vermeiden Sie generell, sich in diesen Zwischenphasen mit Golf zu beschäftigen. Unterhalten Sie sich mit Ihren Mitspielern, erfreuen Sie sich an der Natur oder summen Sie ein Lied. Lachen Sie nicht – probieren Sie es aus.

Einige meiner besten Runden habe ich gespielt, während ich mit einem Lied auf den Lippen über den Platz gelaufen bin und meine Gedanken frei von Golf waren.

Was Sie bis jetzt gelernt haben:

- Golf ist viel Erholung, wenig aber punktuelle Konzentration und niemals Verbissenheit.
- Spielen Sie in der Gegenwart – Ihre Konzentration richtet sich auf den auszuführenden und eventuell noch auf den nächsten Schlag.

Was Sie an dieser Stelle ausprobieren sollten:

- Arbeiten Sie einen Spielplan für Ihren Heimatplatz aus
- Stabilisieren Sie Ihr Verhalten: Bereiten Sie sich immer gleich auf Ihre Schläge vor – egal ob Turnier oder Privatrunde, nur so erreichen Sie auch gleich gute Ergebnisse.
- Suchen Sie zwischen den Schlägen Erholung – auf dem Platz und auf der Range.
- Haken Sie schlechte Schläge ab. Erkennen Sie die Gedankenkette »schlechter Schlag – keine Punkte – verdorbene Runde« und durchbrechen Sie sie gleich zu Anfang. Ärgern Sie sich nicht über den Schlag, sondern planen Sie den anstehenden Befreiungsschlag gemäß den eigenen Möglichkeiten.

Selbstvertrauen

Das Vertrauen in unsere eigenen Fähigkeiten hat großen Einfluss auf den Ausgang einer uns gestellten Aufgabe. Gehen wir voller Vertrauen an eine Aufgabe heran, wird sie in der Regel auch mit Erfolg abgeschlossen. Befallen uns Selbstzweifel, wird auch gleichzeitig die Erfüllung dieser Aufgabe erschwert.

Reale Unterschiede liegen meist nicht vor. Es sind häufig nur unsere Gedanken, die entscheiden ob eine Aufgabe in einem positiven oder einem negativen Umfeld ausgeführt wird.

Nehmen wir als Beispiel einen Putt aus 10 Zentimeter Entfernung. Kein Golfer, egal wie gut er spielt, wird ein Problem in diesem Schlag erkennen können. Man muss den Ball nur noch antippen und er hat gar keine andere Chance als im Loch zu verschwinden. Egal ob Anfänger, Amateur oder Pro: Einen Putt aus dieser Distanz kann man gar nicht verschieben.

Mit wachsender Entfernung zum Loch verändert sich die Situation. Die objektiven Faktoren wie Break, Graswuchsrichtung, Hanglage oder Grünbeschaffenheit gewinnen an Bedeutung – der Putt wird also objektiv schwerer. Ebenso verändern sich die subjektiven Faktoren: Man erinnert sich an die ausgelassenen Putts aus ähnlicher Entfernung, hält sich selbst für einen guten beziehungsweise schlechten Putter etc. Die Verkrampfungen können zunehmen. Das Gefühl der Unsicherheit wächst.

Den 10-Zentimeter-Putt spielt man noch ohne Überlegung einfach Richtung Mitte des Lochs und geht zum nächsten Abschlag. Auch bei doppelter oder dreifacher Entfernung geht man noch sicher von einem erfolgreichen Schlag aus. Je nach persönlicher Verfassung können bei 40 Zentimeter bereits die ersten Zweifel auftreten.

Je mehr man aber das Gefühl der Sicherheit gegen Selbstzweifel einbüßt, desto mehr verkrampfen sich auch die Muskeln, was das Lochen des Balls zusätzlich erschwert. Es kann zu einer Situation einer sich selbst erfüllender Prophezeiung kommen: Putt aus unangenehmer Distanz, Unsicherheit, Verkrampfung, nicht gelochter Putt, negative Bestätigung und somit steigende Unsicherheit. Diesen Teufelskreis gilt es zu durchbrechen.

Das Vertrauen in die eigenen Fähigkeiten kann auch bei gleicher Aufgabenstellung durch veränderte Rahmenbedingungen geschwächt oder verstärkt werden.

Stellen Sie sich folgende Situation vor: ein 50 Zentimeter breites und 3 Meter langes Holzbrett liegt vor Ihnen auf dem Boden. Sie sollen nun über dieses massive Brett laufen, ohne den Boden zu berühren. Sie gehen selbstsicher an diese Aufgabe heran, die Muskeln sind entspannt, der Gang locker und das Ziel wird erreicht.

In der folgenden Situation wird dasselbe Brett über einen fünf Meter tiefen Abgrund gelegt. Sie sollen nun wieder das Brett überqueren. Objektiv hat sich nichts Wesentliches verändert. Trotzdem werden die meisten Menschen wahrscheinlich mit weichen Knien in den Abgrund blicken und sich nicht zutrauen, dieses Brett erneut zu überqueren. Die geänderte Situation führt zu einer anderen Einschätzung des Schwierigkeitsgrades der Aufgabe. In dieser höheren Schwierigkeitsstufe ist das Selbstvertrauen weniger stark ausgeprägt. Die Selbstzweifel nehmen zu – die Muskulatur verspannt sich und man kann sich nicht zum Überqueren des Brettes überwinden. Dieses »Versagen« verstärkt die Selbstzweifel und lässt die Aufgabe noch schwieriger erscheinen.

Diese hier dargestellten Kreisläufe sind bei jedem Menschen zu beobachten. Es gilt nun, den positiven Verstärkungseffekt des linken Kreislaufs in Gang zu setzen und den rechten Kreislauf zu durchbrechen.

Aber wie lässt sich dieser Teufelskreis von Misserfolg und negativer Verstärkung durchbrechen? Durch einen Anfangserfolg, der als Auslöser für die Beendigung der negativen Verstärkung genutzt wird. Leichter gesagt als getan; wo soll der Initialerfolg so plötzlich herkommen?

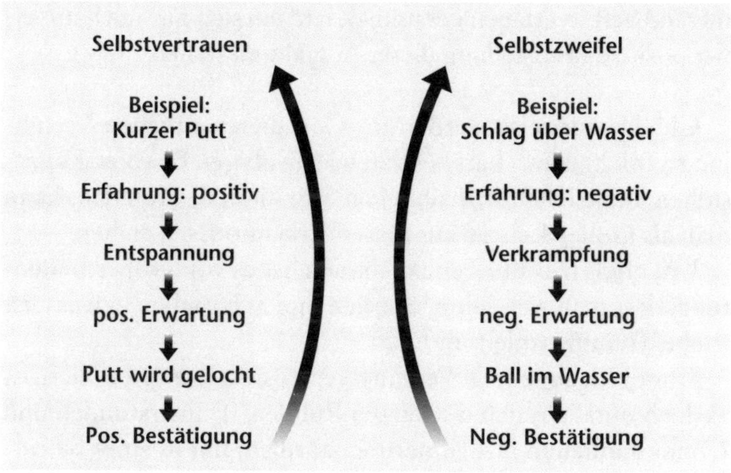

Selbsterfüllende Prophezeiung

Im oben genannten Beispiel mit dem zu überquerenden Brett genügt meistens eine erfolgreiche Überquerung, um der Person zu verdeutlichen, dass es keinen Unterschied macht, ob das Brett auf dem Boden oder in fünf Meter Höhe angebracht wird. Von einem Verlassen des ausreichend breiten Bretts kann schließlich nicht ausgegangen werden. Damit ist die Einsicht geschaffen, dass die gestellte Aufgabe erfüllt werden kann. Aber wie kann man die sich verkrampfende Person dazu bringen, diesen Anfangserfolg zu erringen, wenn sie sich nicht dazu überwinden kann, das Brett zu überqueren?

Mann könnte mit einer Höhe von einem Meter beginnen und nach erfolgreicher Überquerung die Höhe bei jedem weiteren Versuch sukzessive steigern. Eine weitere Möglichkeit wäre es, rechts und links ein Geländer zu befestigen. Es darf zwar nicht berührt werden, gibt aber doch Sicherheit. Nach einigen Versuchen mit Geländer kann es entfernt werden und die Versuchsperson kann dann das Brett auch ohne Geländer überqueren, da sie durch die Erfolge der vorangegangenen Überquerungen genügend Selbstvertauen gesammelt hat, um sich nun auch mit einer positiven Einstellung dieser Aufgabe zu stellen.

Glücklicherweise werden im Golf die eventuellen Verfehlungen nicht derart hart bestraft wie im obigen Beispiel. Es entstehen keine lebensbedrohlichen Situationen. Trotzdem kann man als Golfer Lehren aus diesen Erkenntnissen ziehen.

Um effektiv trainieren zu können, ist es von großer Bedeutung, dass man sich seiner Stärken und Schwächen bewusst ist (siehe Trainingsanleitung).

Ohne sich zu sehr an Vergangenem orientieren zu wollen, ist es doch nützlich, sich die letzten Runden, Trainerstunden und Übungseinheiten in Erinnerung zu rufen, um in einer Selbstanalyse festzustellen, wo die Schwächen und die Stärken liegen. Um Fehlinterpretationen und Selbstbetrug auszuschließen, sollten Sie Ihre regelmäßigen Spielpartner sowie Ihren Trainer ebenfalls zu Ihren Stärken und Schwächen befragen. Im Kapitel Trainingsanleitung sind noch weitere Möglichkeiten der Selbstdiagnose beschrieben. Mit diesem Datenmaterial haben Sie nun einen Überblick über Stärken und Schwächen Ihres persönlichen Spiels.

Die Ausarbeitung Ihres persönlichen Stärken- und Schwächenprofils ist auch noch für einen anderen Aspekt Ihres Golfspiels hilfreich. Wie im bisherigen Kapitel beschrieben, nimmt das Unterbewusstsein alle Sinneseindrücke, mit denen wir täglich konfrontiert werden für alle Zeiten auf. Diese Erinnerungen (zum Beispiel an vergangene Golfrunden oder Schläge) stehen dem Unterbewusstsein ständig zur Verfügung. Kommen Sie im Verlauf einer Runde zu einem Schlag wird das Unterbewusstsein automatisch eine Bewertung auf der Grundlage der gesammelten Erinnerung machen. Aufgrund dieser Vorgehensweise entstehen die subjektiv gesehen schwierigen Schläge. Was für den einen Spieler ein schwieriger Schlag ist, stellt für den anderen Spieler möglicherweise kaum ein Problem dar. Diese unterschiedliche Einschätzung verschiedener Schlagtypen oder Spielsituationen resultiert aus den verschiedenen Erfahrungen, die ein Spieler in vergleichbaren Situationen beziehungsweise bei vergleichbaren Schlägen in der Vergangenheit gemacht hat.

Jede Spielsituation erfordert einen bestimmten Schlag, dessen konkrete Ausprägung von inneren und äußeren Faktoren abhängt. Innere Faktoren sind dabei die technische Ausbildung des Spielers, die aktuelle mentale Verfassung, das Selbstvertrauen in eben diesem Moment. Äußere Faktoren sind die Form in der die Runde gespielt wird (Privatrunde, Turnierrunde, Spielmodus, Witterungsbedingungen, Platzzustand etc.). Abhängig von den inneren und äußeren Faktoren, denen der zu spielenden Schlag unterliegt trifft der Spieler eine Wahl. In diesem Moment vergleicht das Unterbewusstsein die getroffene Wahl mit bereits gesammelten Erfahrungen in vergleichbaren Situationen.

Lässt sich hierbei der geplante Schlag mit den gesammelten Erfahrungen in Einklang bringen, sind gute Voraussetzungen für den zu spielenden Schlag geschaffen. Der nötige Einklang zwischen Bewusstsein und Unterbewusstsein setzt also bereits gemachte Erfahrungen in einem sehr ähnlichen Bereich voraus. Wie ähnlich die gemachten Erfahrungen sein müssen ist bei jedem Spieler unterschiedlich.

Kommt es jedoch nicht zu dem gewünschten Einklang, man verzichtet aber auf die Entwicklung eines neuen Plans, setzt sich also über die Bedenken des Unterbewusstseins hinweg, hat man keine guten Voraussetzungen für den bevorstehenden Schlag geschaffen.

Spieler A spielt ein Dogleg, welches man mit einem guten Drive erheblich abkürzen kann. Um den Ball aber sicher über die Bäume zu schlagen, muss man in der Lage sein, mit seinem Driver eine hohe Flugbahn bei gleichzeitig großer Schlagweite zu erzielen – eine nicht ganz leichte Aufgabe. Weiter äußere Faktoren dieser Spielsituation sind: kaltes Wetter, dichter Wald, Zählspiel. Als innere Faktoren kommen hinzu: großes Selbstvertrauen, mangelnder Umgang mit dem Driver, Abschläge über einen Wald oder Wasser schon oft kurz gelassen.

Es wird Spieler A sehr schwer fallen, sich in dieser Situation für die Tigerline zu entscheiden, denn sein Unterbewusstsein wird sich, aufgrund der inneren und äußeren Faktoren nicht mit dieser Schlagvariante anfreunden können, denn alles außer dem großen Selbstvertrauen spricht gegen diesen waghalsigen Schlag.

Was kann Spieler A tun, um sich bei der nächsten vergleichbaren Situation mit Zustimmung seines Unterbewusstseins für die Tigerline zu entscheiden? Da er die äußeren Faktoren nicht verändern kann bleibt ihm nur die Konzentration auf die inneren. Zum einen sollte er seine Fertigkeiten im Umgang mit dem Driver verstärken und sich positive Erfahrungen bei Schlägen über Hindernisse schaffen. Eine Möglichkeit hierfür wäre das Schlagen mehrere Bälle an diesem Loch während einer Privatrunde, um sich an solche Schläge zu gewöhnen und sich durch den erzielten Erfolg jene positive Erinnerungen zu schaffen, die in der nächsten Turnierrunde vom Unterbewusstsein zu einer positiven Bewertung des Spielplans führen.

Auswirkung dieser Erkenntnisse für Ihr Training:

Passen Sie Ihr Training den Erfordernissen des Platzes an. Üben Sie nicht nur die geraden Schläge auf der Driving-Range. Je besser Ihr Handicap ist, desto mehr sollten Sie sich auch mit gezielten Veränderungen der Flugkurve des Balles beschäftigen. Üben Sie auch Schläge mit höherer und flacherer Flugkurve. Sollte Ihre Vorstellungskraft noch nicht ausreichen sich Situationen, in denen diese Schläge benötigt werden auch auf der Driving-Range vorzustellen, nutzen Sie die frühen Morgen- und die späten Abendstunden, um die Schläge in der jeweiligen Situation auf dem leeren Golfplatz zu üben. Verbessern Sie auch Ihre Vorstellungskraft, in dem Sie des öfteren bei Schlägen, die Sie bereits beherrschen, vorhersagen, welche Flughöhe Sie erreichen werden und wie die Flugbahn verlaufen wird. Schlagen Sie dann den Ball und vergleichen Sie Ihre Einschätzung mit der tatsächlichen Flugbahn.

Auf diese Weise verbessern Sie neben Ihrer Vorstellungskraft auch Ihre Fähigkeit, Schläge zu visualisieren. Sie erlangen damit eine größere Bandbreite möglicher Schlagvarianten und werden in Ihrem Spiel variabler.

Viele Golfer erfreuen sich an den Leistungen der Spitzenpro‘s die man bei Fernsehübertragungen bewundern darf. In vielen Bereichen dienen sie als Vorbild. Man interessiert sich für ihre Schlägermarke, den Ball, den sie spielen, erfreut sich an ihren hervorragenden Statistiken und beneidet sie um ihre Preisgelder. Seltsamerweise gilt dies oftmals nicht in Bezug auf ihren Trainingsfleiß oder ihre Selbstkontrolle auf dem Platz. Gerade in diesen Bereichen wählt der Durchschnittsgolfer oft die entgegengesetzte Richtung. Trainiert wird das, was man kann und nur solange, bis man mit einigen Schlägen den scheinbaren Beweis geliefert hat, »es immer noch zu können«. Auf der Range ist man großzügig zu sich selbst, verzeiht sich Fehler, nimmt das Anspielen der ausgewählten Ziele nicht sehr ernst. Am bequemsten ist es, sich gar kein Ziel zu setzen, sondern sich einfach am Flug des Balles zu erfreuen. Warum soll man sich die Zeit mit zuviel Selbstkritik verderben?

Kaum auf dem Platz, wendet man sich von dieser unbeschwert-fröhlichen Methode völlig ab. Man verzeiht sich nicht mehr den kleinsten Fehler, beschimpft sich selbst, erhöht dadurch unwillkürlich den Erwartungsdruck und zerbricht dann in der zweiten Hälfte der Runde an diesem negativen Umgang mit sich selbst.

Anders der Pro: Auf der Range ist er hart zu sich selbst. Er trainiert seine Schwächen und ist selbst sein härtester Kritiker. Wo Zuschauer den gekonnten Schlägen Applaus spenden, weiß er wo noch Verbesserungsbedarf besteht und ist daher alles andere als zufrieden. Auf dem Platz allerdings baut er sich selbst auf, ist sein eigener Freund und unterstützt sich selbst. Er weiß, dass man keine perfekte Runde spielen kann, und dass man einem Fehlschlag nicht nachtrauert, sondern sich darauf konzentrieren sollte, wie man sich aus dieser Situation wieder befreien kann.

Folgen Sie hier dem Vorbild der Berufsgolfer und überlegen Sie, zu welchen Zeitpunkten Sie sich eher anspornen und wann kritisieren müssen, um das Optimum in der jeweiligen Situation zu erreichen und sich weiter zu entwickeln.

Was Sie bis jetzt gelernt haben:

- Selbstvertrauen ist die Grundvoraussetzung für gutes Golf.
- Je schwieriger der Schlag, desto größer muss Ihr Selbstvertrauen sein, um nicht im entscheidenden Moment von Selbstzweifeln befallen zu werden.
- Selbstvertrauen und Selbstzweifel bauen sich bevorzugt in sich selbst verstärkenden Prozessen auf (Prinzip des Teufelskreises).

Was Sie an dieser Stelle ausprobieren sollten:

- Stärken Sie immer wieder Ihr Selbstvertrauen durch gutes Training, Aufzeichnung guter Schläge und positive Selbstgespräche.
- Verwenden Sie im Training regelmäßig alle Schläger

- Spielen Sie den Ball in Privatrunden so wie er liegt. Kleine Selbstbetrügereien wie Besserlegen oder Ignorieren von Strafschlägen stehen Ihnen im Turnier auch nicht zur Verfügung und schaden eher Ihrer Selbstachtung und Ihrem Selbstvertrauen.
- Seien Sie im Training kritisch mit Ihren Leistungen und während der Runde Ihr bester Freund, der Sie aufbaut und Sie unterstützt. Unterdrücken Sie hier Selbstzweifel und Selbstkritik.

Von guten und von schlechten Schlägen

Haben Sie sich schon einmal gefragt, wie stark die Bedeutung eines einzelnen Schlag für eine Ihrer Golfrunden sein kann?

Angenommen Sie beginnen Ihre Runde mit einem wunderbar getroffenen Ball, der im Out-of-bounce landet. Sie ärgern sich so sehr über sich selbst, dass Sie den zweiten Abschlag toppen und nach einem Umweg über den Bunker und mit drei Putts eine wunderbare Acht vollbringen. Frustration und Resignation machen sich breit – bereits auf dem Weg zum zweiten Abschlag schreiben Sie innerlich die Runde ab, um sich für weitere vier Stunden und viel zu vielen Schlägen über den Platz zu quälen.

Variante zwei: Nach dem verpatzten Abschlag lachen Sie über den unnötigen Gewalt-Drive am ersten Tee, atmen tief durch und vergessen ihn schnell wieder. Der zweite Drive landet Mitte Fairway. Die übrigen 17 Löcher spielen Sie besser als je zuvor: Trotz der zwei verlorenen Schläge wegen des ausgeschlagenen Drives unterspielen Sie Ihr Handicap deutlich und sind rundherum zufrieden.

Variante drei: Am achtzehnten Loch haben Sie nur noch einen Gimmie zum einlochen – in einem Moment der Unachtsamkeit wollen Sie den Ball mit der Rückseite des Putters lässig im Loch versenken. Der Schlag gerät etwas zu fest und rollt am Loch vorbei und zu allem Unglück noch die nächste Welle hinunter. Der nächste Putt trifft ebenfalls nicht das Loch – aus einem Gimmie wurden doch noch drei Schläge. Sie ärgern sich den ganzen Tag über den schlechten Abschluss einer ansonsten guten Runde. Obwohl unter dem Strich noch eine Handicapverbesserung übrig bleibt denken Sie nur daran, was bei etwas mehr Konzentration möglich gewesen wäre.

Vergleicht man den schlechten Drive in Variante eins mit dem verpatzten Finish am 18. Grün so wird man feststellen, dass der Fehler in direkter Konsequenz mit zwei zusätzlichen Schlägen bestraft wurde.

Der Dreiputt aus 20 Zentimeter Entfernung bleibt aber zumindest für die zurückliegende Runde ohne weitere Folgen, da die Runde mit dem dritten Putt beendet war. Der schlechte Drive an Loch eins hatte aber Auswirkungen für die ganze Runde – der Ärger über den schlechten Schlag hat Sie so sehr gefesselt, dass Sie weit unter Niveau spielten.

Gelingt es Ihnen aber zu verhindern, durch Ärger, Verkrampfung und ständiges Zurückdenken schlechte Schläge immer weiter aufzuwerten, werden schlechte Schläge das bleiben was sie sind: nämlich **EIN** schlechter Schlag und nicht eine ganze schlechte Runde. Gewöhnen Sie sich die Sichtweise von Variante zwei an: Akzeptieren Sie den schlechten Schlag, stekken Sie ihn weg und versuchen Sie, den Schaden durch einen guten Recovery-Schlag zu begrenzen.

Oft bewundern Amateure die Fähigkeit der Pro's, nach Abschlägen, die im Wald landeten, noch Birdies zu spielen. Oft wird dies mit übernatürlichen Fähigkeiten gleichgesetzt. Insbesondere Seve Ballesteros gilt als Meister von Recovery-Schlägen – nie das Fairway getroffen und trotzdem 66 gespielt.

Sicherlich hat Ballesteros ein besonderes Ballgefühl und ein besonderes Geschick im Umgang mit dem Golfschläger. Besonders hervorstechend ist aber die Art und Weise wie er mit einem schlechten Drive umgeht. Entsprechend seinem südländischen Temperament ärgert er sich auch über den schlechten Schlag, aber ihm gelingt es, den Schlag sofort zu verdauen und seine ganze Konzentration dem folgenden Schlag zu widmen. Nur durch die Konzentration auf den nächsten Schlag kann dieser auch erfolgreich sein – würde er noch lange mit dem schlechten Drive hadern, hätte er wohl nie ein PGA Turnier gewonnen.

Es sind nicht die schlechten Schläge die Pro‘s von Amateuren unterscheiden, sondern in erster Linie die Art und Weise wie man diese Schläge verarbeitet. Führt man sich dann noch vor Augen, dass ein Amateur mit Handicap 28 eine Acht an einem Par vier durch ein Par am nächsten Loch schon wieder ausgleichen kann, sollten schlechte Schläge für Amateure noch weniger Bedeutung haben – ein Pro muss, um ein Doppelbogey auszugleichen, schon einige Löcher sehr gut spielen. Fehler werden im Profigeschäft wesentlich härter bestraft als bei uns Amateuren.

Die Beispiele sollen verdeutlichen, dass jede Runde anders ist. Man weiß nie, was einen erwartet und wie sich eine Runde entwickeln wird. Ein guter Schlag ist keine Garantie für weitere gute Schläge ebenso wenig müssen schlechten Schlägen immer wieder schlechte Schläge folgen.

Versuchen Sie sich immer nur mit dem gerade auszuführenden Schlag zu beschäftigen und verhindern Sie, dass Ihre Gedanken abschweifen und sich von dem aktuell auszuführenden

Schlag entfernen. Ein weiteres Hilfsmittel hierfür kann die Ausarbeitung einer persönlichen Rundenstrategie sein – dies wurde in Kapitel drei behandelt.

Auch die Pre-Shot-Routine soll helfen, die Gedanken auf den nächsten Schlag zu fokussieren – und zwar nur auf diesen. Dadurch dass der Schlag in eine Abfolge vertrauter Handlungen eingebettet wird, erlangen Sie ein Gefühl der Sicherheit und des Zutrauens in Ihre eigene Fähigkeiten. Im Idealzustand führen Sie den Schlag ohne einen Gedanken aus – Sie denken weder an einen bestimmten Schwungbereich, Schwunggedanken noch an den nächsten Schlag. Wenn Ihnen dies gelingt, haben Sie die größte Chance Ihr persönliches Leistungspotenzial voll auszuschöpfen.

Misslingen trotz dieser Vorbereitung trotzdem hin und wieder Schläge, nehmen Sie sie hin als das, was sie sind – ein ständiger Begleiter aller Golfer.

Das Putten

Das Putten ist ein ganz bedeutender Teil des Golfspiels. Von ihm geht ein besonderer Reiz aus, da im direkten Umfeld um das Loch einerseits Schläge gutgemacht, andererseits für immer verloren werden können. Sprichwörter wie »driving for the gallery, putting for the money« geben den besonderen Stellenwert des Puttens recht plastisch wieder.

Besonders interessant ist das Putten für den Anfänger. Körperliche Voraussetzungen haben weniger Einfluss als beim langen Spiel. Jeder Golfer kann sich, unabhängig von seinem aktuellen Handicap, mit gezielten Übungen recht schnell nach vorne arbeiten. Die Puttbewegung ist wesentlich einfacher und individueller gestaltbar als der »große« Golfschwung.

Leider beobachtet man auf den Übungsgrüns nur sehr selten wirklich gute und effiziente Puttübungen. In der Regel wird das Puttinggrün nur unmittelbar vor der Runde, quasi als Zeitpuffer bis zum ersten Abschlag, aufgesucht. Durch das Hin- und Herputten einiger Bälle ist noch kein Golfer zu einem herausragenden Putter geworden. In erster Linie gilt es, sich beim Putten ein Gefühl für die zu überbrückende Länge zu verschaffen. Die Richtung als eine der zwei Haupteinflussfaktoren für den Putt spielt eine weniger wichtigere Rolle als die Geschwindigkeit, mit der man den Ball spielen muss.

Insbesondere die kurzen Putts von einer Länge bis eineinhalb Meter setzen den Golfer immer wieder einer besonderen Situation aus. Im Gegensatz zu längeren Putts erwarten hier nahezu alle Spieler den Ball mit dem nächsten Schlag zu lochen.

Die Amerikaner bezeichnen diese Putts als »little kneewobbler« (etwa: kleiner Wadenbeißer) und meinen damit, dass eben Putts aus dieser Länge einen Druck erzeugen, mit dem nicht jeder Spieler gleichermaßen fertig wird.

Sich regelmäßig mit Putts solcher Länge zu beschäftigen, zahlt sich gleich auf zweifache Weite aus: zum einen fühlt man sich sicherer bei Putts aus diesen Entfernungen zum anderen würden viele verpasste Putts aus kurzer Entfernung auch das lange Spiel unter Druck setzen. Verpasst man kurze Putts, sieht man sich selbst als schlechten Putter und versucht den Ball mit den langen Schlägen immer näher ans Loch zu bringen, um sich so etwas Luft auf dem Grün zu verschaffen. Leider endet dieser selbst erzeugte Druck meist damit, dass auch das lange Spiel zusammenbricht.

Üben Sie diese Putts aber nicht nur durch unmotiviertes Herumputten unmittelbar vor Rundenbeginn – dies dient eher dazu etwas Gefühl für die aktuelle Geschwindigkeit der Grüns zu bekommen.

Ihr Ziel sollte ein langfristiges Trainingsprogramm sein, mit dessen Hilfe Sie Ihr Gefühl für kurze und lange Putts aneignen können. Ich empfehle Ihnen folgenden Übungen, um Ihr Gefühl insbesondere für die Längendosierung zu schulen (ausführliche Beschreibung verschiedener Übungen mit Auswertungstabellen im Kapitel Trainingsanleitung).

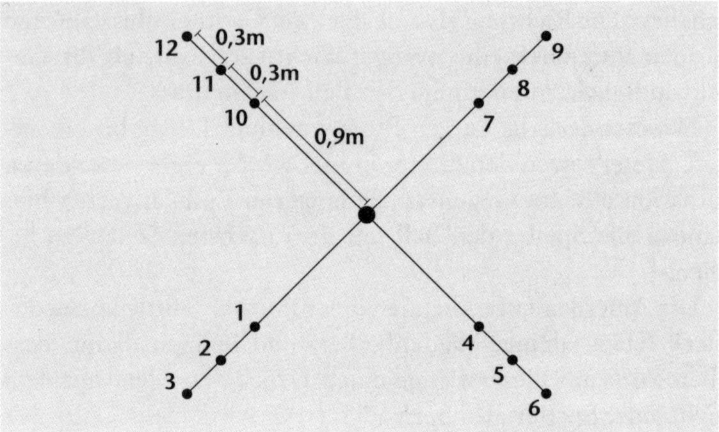

Übung 1: Wählen Sie ein Loch auf dem Puttinggrün mit möglich wenig Break im Bereich von 1,5 Meter um das Loch aus. Platzieren Sie je ein Tee auf gerader Linie 1,5, 1,2, und 0,9 Meter vom Loch entfernt. Ordnen Sie weitere drei Teegruppen wie oben beschrieben um das Loch, so dass die zwölf Tees ein Kreuz bilden.

Putten Sie nun mit drei Bällen, ein Ball pro Tee und zählen Sie die gelochten Putts. Beginnen Sie immer von innen, also mit dem 0,9-Meter-Putt und arbeiten Sie sich nach außen durch. Haben Sie alle drei Bälle auf einer Seite des Kreuzes geputtet, gehen sie zur nächsten Reihe über. Putten Sie insgesamt drei Runden à zwölf Putts und notieren Sie das Ergebnis.

Nach einiger Übung sollte es Ihnen gelingen über 30 Putts zu lochen – Ihre neu erworbene Fähigkeit wird sich auch auf dem Platz auszahlen.
Gönnen Sie sich nach drei Runden eine Pause, da die gebückte Haltung beim Putten zur Schonung der Muskulatur nicht länger als zehn Minuten am Stück eingenommen werden sollte.
Ziel: Durch regelmäßiges Üben und die wachsende Zahl der gelochten Putts bei dieser Übung verlieren Putts dieser Längen ihren Schrecken und werden auch auf der normalen Runde häufiger gelocht.

Übung 2 (auch gut als Wettspiel zwischen Trainingspartnern geeignet):
Platzieren Sie an einigen Löchern je ein Tee im Abstand von 90 Zentimeter bis zwei Meter vom Loch. Starten Sie mit sechs Bällen. Jeden Ball den Sie gelocht haben nehmen Sie zum nächsten Loch mit. Nicht gelochte Bälle scheiden aus. Wechseln Sie sich beim Putten ab. Wer die meisten Löcher absolviert hat gewonnen.
Diese Übung hat eher spielerischen Charakter und eignet sich gut, nach einem Turnier noch etwas mit seinen Mitspielern zu üben.

Übung 3: Markieren Sie drei Punkte mit Tees auf einer flachen Stelle am Grün. Der erste Punkt markiert die Stelle von der Sie Putten werden. Der zweite Punkt soll sich in etwa zwei Meter Entfernung befinden und der dritte Punkt in etwa acht Meter Entfernung vom Ausgangspunkt. Putten Sie nun einen Ball vom Startpunkt in den Bereich des zweiten Tees. Versuchen Sie nun jeden weiteren Ball etwas weiter als der vorangegangen zu putten.
Die Übung endet, wenn Sie kürzer bleiben als der vorherige

Putt oder das dritte Tee passiert haben. Ziel ist es also möglichst viele Bälle zwischen das zweite und dritte Tee zu putten, ohne einen Putt kürzer oder gleich lang zu spielen, wie den vorherigen. Diese Übung ist hervorragend geeignet, Ihr Gefühl beim Putten zu schulen und mehr Sicherheit im Bereich der Längenvariation zu bekommen. Notieren Sie sich Ihre Ergebnisse.

All diese Puttübungen sollen Ihnen dabei helfen, Selbstvertrauen bei diesen kurzen aber entscheidenden Putts aufzubauen. Je mehr Putts Sie auf dem Puttinggrün lochen, desto weniger Kopfzerbrechen werden diese Putts auf dem Platz oder bei Turnieren machen.

Leider bestehen aber zwischen einer Übungseinheit und einer Runde unter Turnierbedingungen für viele Spieler erhebliche Unterschiede. Druck, Anspannung und Versagensängste kommen plötzlich hinzu und lassen trotz vieler Übungseinheiten das Loch auf die Größe eines Fingerhutes schrumpfen. In solchen Situationen sollte man versuchen den Ball etwas gerader und etwas fester zu spielen, als man dies eigentlich vorgehabt hätte. Bei einem festeren Putt kommen Breaks nicht so sehr ins Spiel und ein Ball, der vor dem Loch zum erliegen kommt bleibt Ihnen auf diese Weise ebenfalls erspart. Überschreiten Sie möglichst nicht die Geschwindigkeit, die den Ball im Falle des Verfehlens des Loches weiter als 40 Zentimeter am Loch vorbeirollen lassen würde.

Wenn Sie schon einmal an einem Turnier in Form eines Lochspiels teilgenommen haben, hatten Sie vielleicht auch schon mal einen Putt aus ein bis zwei Metern, den Sie, um das Loch zu Teilen, einlochen mussten. Der Ball musste also ins Loch – zu kurz durfte er auf gar keinen Fall sein, so fest dass er über das Loch schießt aber auch nicht. Genau in dieser Situation spielt man den Ball normalerweise gerader und fester als sonst – man versucht das Loch zu treffen und hat keine Angst vor einem zu langen Putt und dem damit verbundenen Rückputt. Entweder man locht den Putt oder das Loch ist verloren.

Erstaunlicherweise werden genau in diesen Situationen die kurzen Putts optimal gespielt und deshalb öfter als sonst gelocht.

Jeder der schon einmal einen solchen Putt gelocht hat soll sich das Gefühl, welches er bei diesem direkt und mutig gespielten Schlag hatte, zurückholen und in Zukunft jeden Putt aus dieser Entfernung so mutig spielen.

Ähnlich der Routine beim vollen Schwung ist es sinnvoll sich auch für das Grün ein eigenes immer gleiches Vorgehen anzueignen. Die Vorteile einer solchen Routine sind Ihnen bereits aus Kapitel Pre-Shot-Routine bekannt, daher sollen hier nur die puttspezifischen Anpassungen erläutert werden.

Wenn Sie den Ball in Richtung Loch putten, können Sie nur zwei Dinge bestimmen: erstens die Geschwindigkeit, mit der der Ball die Schlagfläche Ihres Putters verlässt und zweitens die Richtung, in der er startet. Alles was danach folgt, kann von uns nicht mehr beeinflusst werden.

Zwei Dinge müssen Sie also im Vorfeld des Schlages festlegen: die Geschwindigkeit, mit dem Sie den Ball starten lassen wollen und die Ausrichtung Ihres Körpers / Ihrer Schlagfläche. Klingt logisch und einfach werden Sie sagen – stimmt, aber viele Spieler versuchen insbesondere die Richtung des Schlages durch eine schleifenähnliche, ungleichmäßig beschleunigende Puttbewegung noch bis nach dem Treffen des Balles zu beeinflussen.

Mit solch einer Vorgehensweise können Sie keinen klaren Zusammenhang zwischen dem, was Sie wollten, dem, was sie machten und dem, was als Ergebnis herauskam, entwickeln.

Aber gerade diese Abfolge von Plan, Ausführung und Ergebnis sind enorm wichtig für die Entwicklung von Gefühl und Stabilität auf den Grüns.

Sie können bei jedem Putt also nur die Geschwindigkeit und die Startrichtung bestimmen. Beginnen wir mit der Richtung, die der Putt laufen soll. Nur in den seltensten Fällen wird ein Ball völlig gerade laufen. Ein gerader Balllauf setzt einen völlig ebenen Untergrund voraus. Da dies aber in natürlichem Gelände nur selten der Fall ist, werden die überwiegende Mehrzahl der Putts einen Bogen beschreiben – also nach der einen oder anderen Seite breaken.

Das Ausmaß des zu erwartenden Breaks hängt von mehreren Faktoren ab: Neigung des Geländes, Länge und Geschwindigkeit des gespielten Putts, Grashöhe, Wind.

Neigung des Geländes: das Gelände kann in Spielrichtung nach rechts oder nach links geneigt, abfallend oder steigend angeordnet sein. Ein Putt auf einem Grün mit Linksneigung wird einen Bogen nach links beschreiben und dies umso stärker, je mehr das Gelände geneigt ist. Fällt das Gelände noch zusätzlich zum Loch hin ab wird sich dieser Effekt noch verstärken. Ein zum Loch hin ansteigendes Grün mildert diesen Effekt.

Je schneller ein Putt aufgrund der zu überbrückenden Länge gespielt wird, desto weniger nimmt er in der Anfangsphase den Geländeverlauf des Grüns an. Erst in der späteren Phase, wenn der Putt an Geschwindigkeit verliert, kann man wieder mit einer stärkeren Einflussnahme der Neigung des Grüns rechnen.

Aus diesem Grund sind Bergaufputts beliebter als Bergabputts. Ein bergauf gespielter Putt kann und muss mit mehr Geschwindigkeit gespielt werden und nimmt daher weniger die Neigung des Grüns an. Ein stabilerer Ballauf ist die Folge.

Grashöhe und Wind können auch einen Einfluss auf den Lauf des Balles haben. Gegenwind bremst den Ball ab und lässt ihn so schneller den Break des Grüns annehmen.

Auch die Geschwindigkeit, mit der Sie den Putt spielen wollen, hat einen Einfluss auf die Kurve, die der Ball beschreiben wird. Lässt man den Ball eher mit der letzten Umdrehung ins Loch fallen oder spielt man ihn kräftig gegen die Hinterkante des Lochs – beide Varianten haben eine Auswirkung auf den zu erwartenden break.

Folgende Faktoren lassen den Ball schneller laufen:
☐ Kurz geschnittenes Gras
☐ Bergablage (Loch unterhalb Ballposition)
☐ Putt mit der Graswuchsrichtung
☐ Rückenwind
☐ Hohe Schlägerkopfgeschwindigkeit

Folgende Faktoren lassen den Ball langsamer laufen:
☐ Hohes Gras auf dem Grün
☐ Bergauflage (Loch oberhalb der Ballposition)
☐ Putt gegen die Graswuchsrichtung
☐ Gegenwind
☐ Niedrige Schlägerkopfgeschwindigkeit

Mit der Zunahme folgender Faktoren wird der Ball mit mehr »Kurve« laufen:
☐ Seitliche Neigung des Grüns
☐ Neigung des Grüns zum Loch hin
☐ Putt mit Graswuchsrichtung
☐ Glätte der Puttoberfläche (kein Sand, kurz geschnitten, keine Spikemarken)
☐ Rücken- und Seitenwind

Je stärker diese Faktoren an Bedeutung gewinnen, desto langsamer kann man den Ball putten. Langsame Bälle nehmen aber den Verlauf des Geländes und jede Unebenheit der Grünoberfläche sofort an. Grashöhe, Wuchsrichtung, Wind, Beschaffenheit der Oberfläche, sowie Lage des Balles in Relation zum Loch (höher, tiefer, Gefälle) müssen von Ihnen im Vorfeld jedes Putts bewertet werden. Aus dieser Beobachtung resultiert die zu wählende Geschwindigkeit, mit der Sie den Ball spielen wollen und der Zielpunkt, den Sie sich für diesen Putt setzen. Denken Sie daran: das Loch ist nur äußerst selten das unmittelbare Ziel beim Putten.

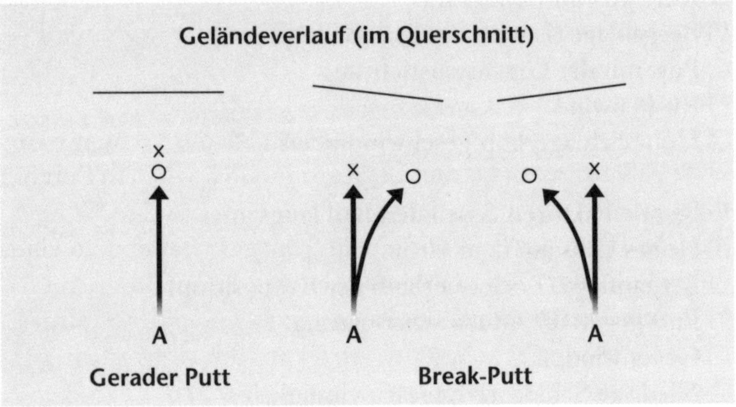

Zielpunkt X in Relation zum Loch O

Beim geraden Putt sind Zielpunkt X und das Loch O identisch. Sie müssen nur die Geschwindigkeit, die Sie dem Ball mitgeben wollen festlegen und den Ball gerade putten.

Beim Break-Putt führt der Geländeverlauf zu einer mehr oder weniger starken Abwanderung des Zielpunktes X vom Loch O. Je mehr die Faktoren, die den Ball in einer Kurve laufen lassen zunehmen, desto mehr entfernt sich entsprechend der Zielpunkt vom Loch.

Diese Erkenntnis in Verbindung mit der Tatsache, dass Sie den Ball nur in gerader Richtung (auf Ihren Zielpunkt) spielen können ist auch aus mentaler Sicht von großer Bedeutung. Das

Loch als primäres Ziel im Golf verliert seine Bedeutung und muss dies auch tun, wenn man ein guter Putter werden will. Grund: Bei einem Break-Putt wird Ihr Ball aufgrund der Beschaffenheit des Grüns eine mehr oder weniger große Kurve beschreiben. Zielpunkt X entfernt sich also vom Loch O. Wenn Sie sich vorgenommen haben, Ihren Ball in Richtung Zielpunkt X zu spielen, es aber nicht schaffen diesen Zielpunkt X als neues Primärziel in Ihrem Bewusstsein zu verankern, besteht die Gefahr, dass Sie entweder kurz vor dem Putt nochmals (eventuell unbewusst) zum Loch, also Ihrem gewohnten Primärziel, blicken oder das Loch trotz aller Bemühungen unterbewusst immer noch als Primärziel einstufen.

Die Folge für den zu spielenden Putt liegt auf der Hand: Der erste Fall, kurzer Blick zum Loch unmittelbar vor dem Putt hat die gleichen Folgen wie der schnelle Blick zum Wasserhindernis oder der Ausgrenze vor einem Schlag. Es kommt zu einer unerwünschten Zielumprogrammierung. Körperlich kann die Folge eine Veränderung der Körperwinkel oder der Schlagflächenausrichtung sein – damit wird der Putt nicht mehr zum Zielpunkt X gespielt, sondern zu einem Punkt der zwischen X und dem Loch liegt.

Gelingt es im Vorhinein nicht X als Zielpunkt zu verankern, wird die Orientierung von Anfang an zu sehr in Richtung Loch verlagert. Eine Orientierung zum korrekten Zielpunkt X hat nie stattgefunden. Die Auswirkungen sind ähnlich: Der Ball läuft zu früh in Richtung Loch, er nimmt den Break des Geländes an und verfehlt sein Ziel.

Sie sehen also: unabhängig, ob Sie sich unmittelbar vor dem Putt durch einen schnellen Blick zum Loch umprogrammieren und/oder mehr in Richtung Loch ausrichten, oder ob Sie von Anfang an zu sehr auf das Loch fixiert waren: Der Ball verlässt seinen optimalen Pfad zu früh in Richtung Loch und wird es deshalb verfehlen.

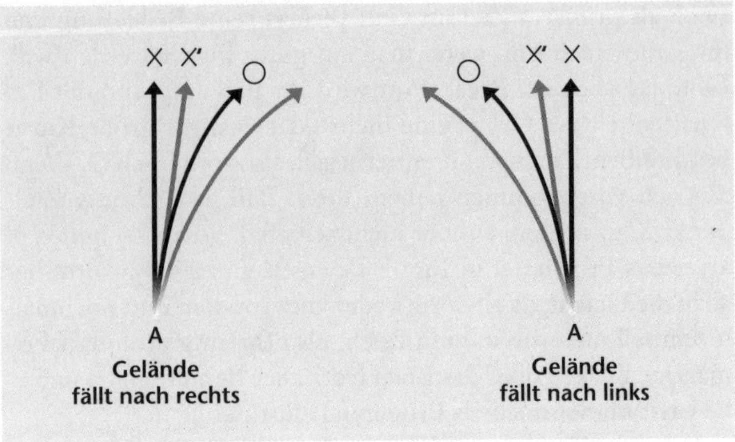

Verschobenes Ziel

Ein ursprünglich auf X ausgerichteter Putt wird aufgrund der neuen Zielprogrammierung mehr in Richtung Loch, zum Beispiel auf X' gespielt und verfehlt somit das Loch an der unterhalb gelegenen Seite.

Wenn Sie des Öfteren Fernsehübertragungen verfolgen, werden Sie sicher den Ausdruck des Moderators kennen, der diese Situation beschreibt. Man spricht bei diesem Ballverlauf immer von der Amateurseite, an der der Ball das Loch passiert hat. Beobachten Sie Ihre eigenen Putts und die Ihrer Mitspieler. In der Mehrzahl der Fälle verfehlen Break-Putts die unterhalb des Loches gelegenen Seite; sie sind also von Anfang an zu sehr in Richtung Loch gespielt worden.

Dieser Fehler wird von den Kommentatoren oder Golftrainern oft mit dem fehlenden Mut oder einer mangelnden Strategie der Amateure begründet. Es wird bemängelt, dass man dem Ball nie die Chance gegeben hat in das Loch zu laufen. Ein Profi würde den Ball immer so spielen, dass er im Falle des Verfehlens wenigstens auf der oberen Seite das Loch passieren würde, heißt es. Ein sehr knapp an die Lochkante gespielter Putt könnte so doch noch ins Loch fallen. Wäre er an der tieferen Seite des Lochs vorbeigelaufen, würde diese Chance nicht bestehen.

Überprüfen Sie bei Ihren nächsten Runden meinen Erklärungsansatz, der Hinorientierung zum Primärziel Loch, anstelle des durch Grünlesen herausgefundenen Zielpunktes X. Verharren Sie mit Ihren Augen und auch mental im Zielpunkt X solange bis der Ball die Schlagfläche verlassen hat? Wenn nicht, haben Sie vielleicht hier die Erklärung gefunden, warum Ihre Putts so oft unterhalb des Loches vorbeilaufen.

Diese oft beobachtete, unmittelbar vor dem Putt stattfindende Umorientierung näher zum Loch hin ist noch aus anderer Sicht höchst problematisch. Viele Spieler registrieren diesen Fehler nicht – Sie sind der Meinung, alles richtig gemacht zu haben. Das Grün wurde studiert, der Zielpunkt X ausgewählt und vermeintlich auch angespielt.

Eine solch ungünstige Verkettung von Ereignissen läuft der im Anfang des Kapitels für die Entwicklung von Gefühl verantwortlich gemachten Beobachtungskette Plan–Ausführung–Ergebnis völlig zuwider. Der Plan wurde korrekt erstellt, der Zielpunkt X bestimmt. Nun glaubt man den Zielpunkt X auch angespielt zu haben. Der Ball verfehlt das Loch. Als Ergebnis hält man fest: Zielpunkt falsch gewählt, Grün schlecht gelesen, Ergebnis nicht zufriedenstellend. Die Schlußfolgerung lautet dann oft: »Man ist eben kein guter Putter und wird es nie lernen – Gefühl ist scheinbar doch angeboren und lässt sich nicht erarbeiten.«

Verfallen Sie nicht dieser nur scheinbar logischen Kausalkette. Arbeiten Sie daran, Ihren gewählten Zielpunkt beizubehalten – körperlich und mental. Nur dann können Sie die Ergebnisse richtig einordnen. Bitten Sie einen Freund, es muss kein Golfer sein, Ihre Augen zu beobachten. Blicken Sie bei einem Break-Putt unmittelbar vor dem Putt zum Loch und nicht auf Ihren Zielpunkt, haben Sie den Fehler schon erkannt und können ihn bekämpfen.

Übung 4: Putten zum Zielpunkt X

Wählen Sie einen Break-Putt mit mittlerem bis starkem Break aus. Markieren Sie die Stelle, von der Sie Putten wollen mit einem Tee. Rollen Sie einige Bälle mit der Hand in Richtung Zielpunkt den Sie zuvor bestimmt haben. Beobachten Sie die Bahnen, welche die Bälle beschreiben und überprüfen Sie so Ihren Zielpunkt. Markieren Sie den so bestätigten Zielpunkt mit einem Tee. Nun Putten Sie mit voller Konzentration auf Ihren Zielpunkt. Das Loch interessiert Sie nicht – blicken Sie solange nicht zum Loch bis Sie entweder den Ball ins Loch fallen hören oder der Ball ausgerollt ist.

Wiederholen Sie diese Übung regelmäßig in verschiedenen Situationen, solange bis es Ihnen gelingt mental auf Ihren Zielpunkt fixiert zu bleiben.

Nach dem ausgeführten Putt sollten Sie daher nicht sofort zum Ball beziehungsweise Loch laufen, sondern einen Moment verharren und den Unterbewusstsein ermöglichen einen Abgleich zwischen empfundener Entfernung, gesendetem Befehl und erhaltenem Ergebnis herzustellen. Dieser Abgleich ist enorm wichtig und führt zu immer feinerer Wahrnehmung und Ausführung. Denken Sie an Ihren allerersten Putt zurück. Wahrscheinlich war er viel zu kurz oder viel zu lang. Mit der Zeit konnten Sie diese Längenabweichungen reduzieren. Bei den häufigsten Entfernungen (bis 4 Meter) haben Sie mittlerweile eine recht hohe Präzision erreicht und das ganz ohne das angesprochene Verharren und den folgenden Abgleich.

Nehmen Sie sich diese Zeit bei jedem Putt – Ihre Ergebnisse werden sich kontinuierlich verbessern.

Beschreibung der Puttroutine

Das kurze Spiel, insbesondere das Putten stellt wie Sie gesehen haben einen besonderen Bereich im Golf dar. Aus diesem Grund ist es angebracht, eine eigene Pre-Shot-Routine für den Bereich des Puttens zu entwickeln. Neben der Konzentration, der Beruhigung und der Fokussierung auf das Ziel soll diese Routine helfen die höheren Anforderungen an Länge und Richtung des zu spielenden Putts zu meistern.

Mit abnehmender Entfernung zum Loch nehmen die Auswirkungen von Fehleinschätzungen in Bezug auf Geschwindigkeit und Richtung zu. Die Pre-Shot-Routine wird Ihnen helfen, sich für alle oben beschriebenen Umweltfaktoren zu sensibilisieren und auf Grundlage dieser Beobachtung immer präzisere – und damit immer weniger – Putts zu spielen. In den Grundzügen entsprechen sich die Routinen für Putten und langes Spiel. Auch hier sollen die folgenden Punkte nur eine Empfehlung sein, aus der sich Ihre persönliche Routine entwickeln soll.

Folgende Situation finden Sie auf dem Grün vor: Ein mittellanger Putt mit einem leichten Break von links nach rechts.

Knien Sie sich in Verlängerung zum Loch hinter den Ball. Aus dieser Perspektive gewinnen Sie einen ersten Eindruck vom Aufbau des Grüns. Verläuft der Putt bergauf, bergab, nach rechts fallend oder nach links? Schenken Sie insbesondere dem direkten Bereich vor dem Loch Ihre gesteigerte Aufmerksamkeit, denn aufgrund der langsameren Geschwindigkeit am Ende des Putts wird der Ball stärker auf den Geländeverlauf in diesem Bereich reagieren. Besonders aufschlussreich kann die Beobachtung aus zwei unterschiedlichen Entfernungen sein. Befindet man sich sehr nahe am Ball (Position eins), lässt sich der Bereich direkt vor dem Loch gut analysieren; wählt man einen größeren Abstand erhält man einen guten Gesamteindruck. Der allgemeine Geländeverlauf erschließt sich oft erst aus größerer Entfernung (Position zwei).

Sollten Sie sich bezüglich des zu erwartenden Breaks noch nicht sicher sein, kann ein Blick von der gegenüberliegenden Seite des Lochs weitere Informationen liefern (Position drei). Auch wenn Sie zum Beispiel aufgrund eines Bunkers nicht die Möglichkeit haben in Position zwei einen größeren Abstand zum Ball einzunehmen, sollten Sie die Situation stets von der anderen Seite des Lochs analysieren.

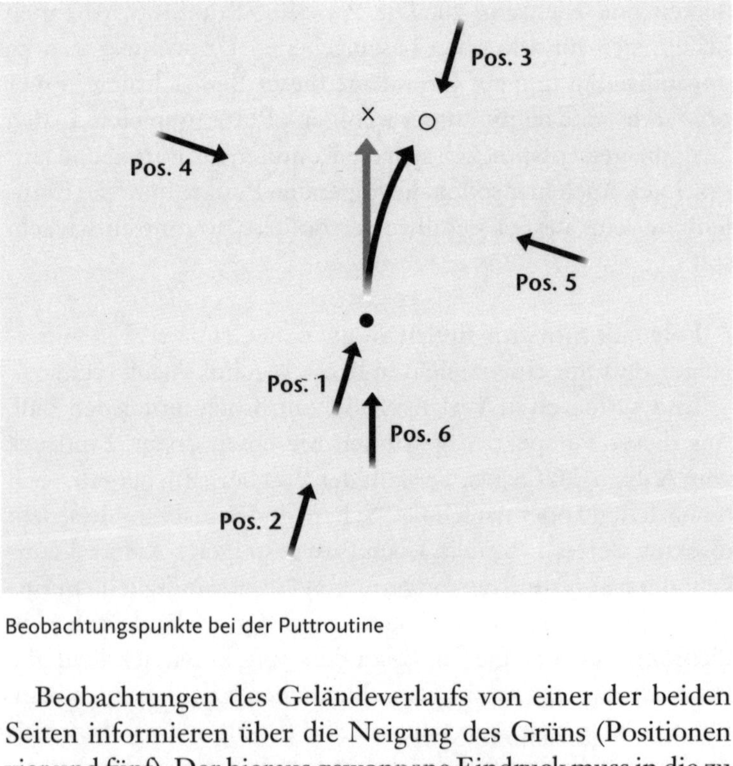

Beobachtungspunkte bei der Puttroutine

Beobachtungen des Geländeverlaufs von einer der beiden Seiten informieren über die Neigung des Grüns (Positionen vier und fünf). Der hieraus gewonnene Eindruck muss in die zu wählende Geschwindigkeit des Putts einfließen.

Diese Beobachtungen sollten Ihnen ein Gefühl für den zu erwartenden Break vermitteln und Ihnen helfen, den Zielpunkt X zu bestimmen. Die Dosierung der Geschwindigkeit kann man mit einiger Übung völlig seinem Unterbewusstsein überlassen. Schreiten Sie, nachdem Sie die Beurteilung des Geländeverlaufs abgeschlossen haben nochmals die Strecke zwischen Ball und Loch ab. Lassen Sie diese Entfernung auf sich einwirken. Zählen Sie nicht die Schritte und versuchen Sie nicht die Entfernung in Metern zu schätzen. Die Entwicklung von Gefühl ist keine Wissenschaft, die auf Fakten beruht. Mit etwas Übung wird es Ihnen gelingen, eine immer exaktere Verknüpfung zwischen dem aus dem Abschreiten der Strecke zwischen Ball und Loch gewonnen Einruck und der zu wählenden Puttgeschwindigkeit herzustellen. Wichtig hierbei ist eine Puttbewegung, die eine größere Schlägerkopfgeschwindigkeit durch eine größere Ausholbewegung erzeugt. Ein rukkartiges Stoßen oder Schlagen nach dem Ball wird Ihnen nicht die Möglichkeit eröffnen, im Laufe der Zeit Schlägerkopfgeschwindigkeit und Puttlänge in Verbindung zu bringen.

Tipp: Schreiten Sie die Entfernung zwischen Ball und Loch auch bei der Rundenvorbereitung auf dem Übungsgrün ab. Auf diese Weise kann Ihr Unterbewusstsein die aktuelle Grüngeschwindigkeit mit in sein Kalkül einbeziehen.

Sollten Sie Ihren Ball mit einer geraden Linie gezeichnet haben, lassen Sie Ihren Ballmarker hinter dem Ball liegen, bis Sie die oben genannten Punkte abgearbeitet haben. In einem letzten Schritt sollten Sie sich in die Verlängerung Ball–Zielpunkt begeben (Position sechs), um so zu verhindern, dass Sie sich zum Loch ausrichten. Korrigieren Sie eventuell nochmals die Ausrichtung der Markierungslinie auf Ihrem Ball und Entfernen Sie den Marker. Konzentrieren Sie sich nur auf den Zielpunkt X und spielen Sie Ihren Putt voller Selbstvertrauen.

Beobachten Sie den Lauf des Balles mit erhöhter Aufmerksamkeit. Bewegt er sich auf den Zielpunkt X zu? Hat er die richtige Geschwindigkeit? Fällt er mit der letzten Umdrehung ins Loch? Prallt er gegen den hinteren Lochrand?

Wenn der Ball das Loch verfehlt hat, sollten Sie wahrnehmen, ob er mit zuviel oder zuwenig Break gespielt wurde oder ob die Geschwindigkeit falsch dosiert war.

Tipp: Verfehlt der Ball das Loch, so sollten Sie unbedingt den Lauf des Balles weiter verfolgen – auf diese Weise können Sie wichtige Informationen für den folgenden Rückputt gewinnen.

Zusammenfassung der Putt-Routine:

- ☐ Beobachtung der Situation aus Pos. 1 und Pos. 2.
- ☐ Bei Zweifeln in Bezug auf Break, Grünaufbau etc. zusätzliche Beobachtungen aus Pos. 3 bis Pos. 5.
- ☐ Nachdem der Break eingeschätzt wurde sollte zur Einschätzung der Entfernung die Puttlinie abgeschritten werden.
- ☐ Visieren Sie bei Breakputts den gewählten Zielpunkt X an und lassen Sie sich nicht vom Loch ablenken. Verwenden Sie eventuell einen entsprechend markierten Ball.
- ☐ Machen Sie einen Probeschwung und spielen Sie den Putt wie geplant. Sehen Sie vor Ihrem geistigen Auge den Ball auf der geplanten Linie laufen und ins Loch fallen.
- ☐ Beobachten Sie den Ball bis er ins Loch gefallen oder ausgerollt ist.

Betrachten Sie das Putten nicht zu sehr als eine Wissenschaft. Es gibt zwar eine Reihe von Faktoren zu beachten, die aber mit einiger Übung sozusagen im Vorbeigehen erfasst werden können.

Wollen Sie Ihre Leistungen auf dem Grün steigern, gilt es im Wesentlichen nur zwei Dingen Aufmerksamkeit zu schenken: Eine solide, gleichmäßige Puttbewegung, die eine höhere Schlägerkopfgeschwindigkeit durch eine größere Ausholbewegung erzeugt und ein mit Bedacht ausgewählter Zielpunkt. Lässt man sich dann noch genügend Zeit seine gespielten Putts zu beobachten wird die Verknüpfung zwischen Puttrichtung, -stärke und Grünverlauf immer präziser.

Die in diesem Buch beschriebenen Übungen werden Ihnen schnell zu mehr Gefühl auf den Grüns verhelfen. Üben Sie regelmäßig das kurze Spiel und das Putten. Hier liegen die ungenutzten Potenziale die Ihnen mehr Freude beim Spiel und ein besseres Handicap verschaffen werden.

Was Sie bis hier her gelernt haben:

- Putten ist ein besonderer Bereich des Golfspiels.
- Anfänger können hier aufgrund der einfacheren Technik schnellere Fortschritte erzielen als im langen Spiel.
- Putten wird in der Regel zu selten und unsystematisch geübt.
- Das Loch ist selten das Ziel.
- Fast alle Golfer schätzen das zu spielende Break zu gering ein, spielen aber dann instinktiv doch mehr break als angenommen aber immer noch zu wenig, um den Ball zu lochen. Aus diesem Grund läuft der Ball gerne auf der so genannten Amateurseite am Loch vorbei.

Was Sie an dieser Stelle ausprobieren sollten:

- Eigenen Sie sich eine Routine an, die Ihnen hilft das Grün zu lesen, den Zielpunkt auszuwählen und den Ball mit Selbstvertrauen zu putten.
- Gewöhnen Sie sich einige Puttübungen an, die Ihr Län-

gengefühl und Ihre Fähigkeit, breaks richtig einzuschätzen, schulen.

- Erarbeiten Sie sich einen Puttstil, der technisch einfach ist und der größere Puttlängen mit einer längeren Ausholbewegung erreicht. Vermeiden Sie es nach dem Ball zu schlagen oder ihn ruckartig zu stoßen.

Schlussbemerkung

Golf ist für die meisten von uns ein nur Hobby. Wir spielen Golf zur Erholung. Es geht nicht um Geld und auch nicht um Leben und Tod. Leider versäumen es viele Golfer Spaß zu haben.

Beobachtet man die Golfanfänger auf der Driving-Range so sieht man sie oft in verkrampfter Körperhaltung mit Schweiß auf der Stirn, fluchend und manchmal sogar verzweifelnd. Mancher wünscht sich nur den Ball in die Luft zu bekommen, nur dieser eine Wunsch soll in Erfüllung gehen, dann würde sich schon Zufriedenheit einstellen. In der Regel steckt hinter diesem Wunsch das Ziel, die Platzreife zu erlangen, um endlich auf der großen Anlage spielen zu dürfen.

Nach einigen Monaten intensiven, teilweise frustrierenden Trainings haben es die meisten bis zur Platzreife geschafft. Doch wo bleibt die erhoffte Zufriedenheit? Dieselben Spieler stehen wieder Sonntags auf der Range und schlagen genauso verbissen Bälle. Im Clubhaus erwähnen sie kurz ihre Erfolge um dann in langen Monologen ausführlichst auf die Fehler und zwingend erforderlichen Verbesserungen im eigenen Spiel einzugehen.

»Wer hätte gedacht, dass der Platz sich so lange spielt, bis zum Grün brauche ich immer 5 Schläge – wie soll ich so mein erstes Handicap erspielen?«. Es wird weiter gearbeitet, genauso verbissen und ehrgeizig trainiert. Man nimmt Trainerstunden, kauft sich einen Driver und übt sich in längerem, präziserem Spiel.

Das erste Handicap wird erspielt – aber immer noch keine Zufriedenheit. Das Handicap fällt und bewegt sich in Richtung 30. Einige Pokale schmücken bereits das Büro. In Gedanken ist man nur noch beim Golf, beschäftigt sich mit dem nächsten Turnier und die erhoffte Handicapverbesserung.

»Mit einem Handicap von 19 wäre ich zufrieden« heißt es oft. Doch nachdem die 20 erst einmal durchbrochen ist, wird sogleich das nächst größere Ziel anvisiert. Im Umkehrschluss bedeutet dies für viele Amateure wieder: ungeduldiges oft hektisches Training – immer in der Erwartung der nächsten Handicapverbesserung und der sich dann »bestimmt« einstellenden Zufriedenheit.

Stellt sich die erhoffte Zufriedenheit auf diese Weise wirklich ein? Ich werde im Anschluss an ein Turnier oft gefragt, wie ich denn gespielt habe. Wenn meine Antwort 78 ist, klopfen mir viele begeistert auf die Schulter und gratulieren mir zu dem tollen Ergebnis. »Einmal so spielen« ist oft die Reaktion. Erkläre ich diesen Spielern, dass ich mit der 78 mein Handicap um drei Schläge überspielt habe, somit sogar um 0,1 Schläge hochgestuft werde und daher nicht mit der Runde zufrieden sein kann, stoße ich auf starke Verständnisprobleme.

Jeder Golfer hat seine Vorstellungen und Ziele. Befragt man Spitzenamateure, so wird man die Grenze für eine passable Runde bei etwa 75 setzen. Sehr gute Runden spielen sich auch hier bereits im Bereich von 72 oder gar darunter ab. Professionals werden sich erst ab einer Schlagzahl von unter 70 über Ihre absolvierten Runden freuen. Je besser das Spielniveau, desto höher die Ansprüche an die eigenen Leistung. Zufriedenheit nur über das Ergebnis, also das Handicap zu erreichen ist demnach schwierig wenn nicht gar unmöglich.

Gestalten Sie deshalb Ihr Training immer so, dass Sie auch hier Spaß haben. Sehen Sie das Training nicht nur als Mittel zum Zweck, sondern als einen eigenen Bereich im Golf, der mindestens genauso viel Freude schenken kann wie eine gute Runde.

Spielen Sie regelmäßig auf dem Platz, ohne permanente Analyse und ohne Ihre Schläge zu zählen. Genießen Sie einfach den Tag in Gesellschaft einiger Freunde in der freien Natur. Erfreuen Sie sich an Ihrem aktuellen Leistungsstand und bedenken Sie – es wird immer Golfer geben, die schlechter spielen und immer welche, die besser spielen. Geben Sie Ihrem Hobby die Chance, Ihnen Freude und Spaß zu schenken und ärgern Sie sich nicht über die unvermeidlichen kleinen Fehler.

Ich wünsche Ihnen viel Freude beim Golfen und denken Sie daran: Spielen Sie Ihr Golf – oder besser: Spiel Dein Golf.

Für Fragen, Kritik und Anregungen aller Art bin ich Ihnen jederzeit dankbar. Sollten Sie weitere Informationen benötigen oder Interesse an meinen Seminaren haben, so schreiben sie an:

Oliver Jungmann
Karolingerstrasse 20
55283 Nierstein
email: info@msgs.de

TRAININGSANLEITUNG

Empfehlung

Die nachfolgend aufgeführten Ratschläge und Übungen sollen Ihnen helfen, die Erkenntnisse dieses Buchs kontinuierlich umzusetzen und in Ihr eigenes Spiel einzugliedern. Beharrlichkeit und Ausdauer sind gefragt. Nur die regelmäßige Beschäftigung mit der neuen Materie wird sie zu einem zuverlässigen Werkzeug machen.

Aus eigener Erfahrung ist mit bekannt, dass die Änderung der eigenen Gewohnheiten eine der anspruchsvollsten Aufgaben darstellt, die man an sich selbst richten kann. Aus diesem Grund will ich mich hier auf einige grundlegende Übungen beschränken, die Ihren Zeitplan nicht über Gebühr strapazieren und teilweise sogar zu Hause oder in Leerlaufzeiten (zum Beispiel im Stau oder bei Zugfahrten) durchgeführt werden können.

Wie im gesamten Buch, so muss auch bei den Übungen keine strenge Reihenfolge eingehalten werden. Suchen Sie sich die Übung aus, die Ihnen zur Zeit für Ihr eigenes Spiel am nützlichsten erscheint.

1. Übung: Entwickeln Sie einen Spielplan für Ihren Heimatplatz!

Wie Sie im Textteil bereits gelesen haben, verfahren viele Spieler nach dem Prinzip: schlagen und hoffen! Weder die eigenen Stärken und Schwächen noch die jeweilige Spielsituation mit ihren Folgen für den nächsten Schlag werden ausreichend ins Kalkül gezogen.

Verpassen Sie daher nicht diese Chance durch etwas mehr Nachdenken und Planen Schläge sparen zu können. Schulen Sie Ihr strategisches Platzverständnis, indem Sie sich einen Spielplan für Ihren Heimatplatz erstellen. Sollte Ihr Heimatclub über eine Birdiekarte verfügen, so können Sie diese Ihren taktischen Überlegungen zugrunde legen. Sollten Sie keine Birdiekarte zur Hand haben, genügt auch eine Skizze der verschiedenen Löcher. Diese Skizze sollte enthalten: Abschläge, Hindernisse wie Bunker, Wald, Rough, Ausgrenzen, Wasser. Versuchen Sie die Entfernungen ungefähr maßstabsgetreu wiederzugeben. Am Besten skizzieren Sie einige Löcher und nehmen diese Skizze auf Ihre nächste Runde mit. Hier können Sie dann am Besten vergleichen. Oft eigenen sich auch die Abschlagtafeln zur Kontrolle der eigenen Skizzen.

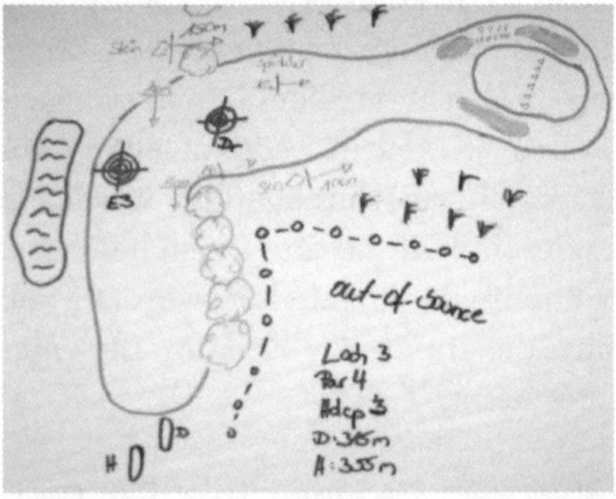

Um einen Einstieg in diese Form der Rundenplanung zu erreichen, beschränken Sie sich anfangs auf die ersten sechs oder neun Löcher. Gehen Sie Loch für Loch vor: entscheiden Sie sich zuerst für ein Ziel für einen Abschlag, das Ihnen Vorteile für den nächsten Schlag eröffnet und gleichzeitig nicht zu sehr von Hindernissen verteidigt ist. Schreiten Sie die Breite des Fairways an der von Ihnen gewählten Stelle ab und tragen Sie diese Zahl in Ihre Birdiekarte ein. Oft sind Landezonen breiter als dies den Anschein vom Tee aus hat. Die Platzarchitekten versuchen den Golfer durch Wellen im Fairway, durch hochgezogene Bunkerkanten oder geschickt angeordnete Bäume zu täuschen. Ergebnis: vom Abschlag aus eröffnet sich Ihnen eine recht schmale, gut verteidigte Landezone. Rufen Sie sich vor dem nächsten Abschlag an diesem Loch Ihre Wahrnehmungen, die Sie beim Abschreiten der Landezone gemacht haben in Erinnerungen. Mit diesem Bild der breiten, weit weniger geschützten Landezone schlägt es sich wesentlich entspannter ab.

Gleiches Vorgehen empfiehlt sich bei Schlägen mit denen Sie den Ball vorlegen wollen oder müssen. Auch hier sollten Sie mit Bedacht einen Zielpunkt auf dem Fairway wählen, der leicht zu treffen ist und eine gute Ausgangsposition für den folgenden Schlag zum Grün bietet.

Für fortgeschrittene Spieler, die schon ein erhebliches Maß an Ballkontrolle erreicht haben, bringt eine genauere Analyse der Grüns mit seinen Ondulierungen erhebliche Vorteile. Ein Blick auf diese Karte des Grüns zeigt Ihnen sofort wo, im Verhältnis zur jeweiligen Fahnenposition, der optimale Zielpunkt liegt. Denken Sie bei der Auswahl des Zielbereiches daran: bergauf puttet es sich wesentlich leichter, und steht die Fahne in einem ansteigenden Bereich des Grüns wissen Sie, dass der Ball weniger rollen wird. Diese Erkenntnisse fließen dann automatisch in die Schlägerwahl beim Schlag zum Grün ein.

Insgesamt bietet die strategische Erarbeitung eines Spielplans gute Möglichkeiten, seine Stärken möglichst oft einzusetzen und seine Schwächen weitestgehend zu vermeiden. Auch hat eine solche graphische Analyse schon manchem Spieler eine Erklärung für regelmäßig schlecht gespielte Löcher gegeben. Der Mensch als Gewohnheitstier neigt eben auch am »Horror-Loch« oft zum altbekannten, möglicherweise fatalen Handlungsmuster, ohne sich ernsthaft um eine gewinnbringendere Alternative zu kümmern.

Strategische Überlegungen bieten sich für Spieler aller Spielstärken an. Mit sinkendem Handicap werden die Zielbereiche kleiner und verschieben sich teilweise sogar erheblich. Aber selbst ein Anfänger sollte den Ball immer zu einem festen Ziel schlagen. Ein ungezielter Ball könnte sonst, trotz technisch einwandfreier Ausführung im Bunker landen und dies nur weil der Spieler selbst nicht mit einem geraden Ball gerechnet hat. Folge: Aufgrund der mangelnden Planung bestraft man sich selbst für einen technisch guten Schlag, anstatt sich über selbigen freuen zu können.

Planen Sie für diese Übung einen längeren Zeitraum ein. Durchdenken Sie einige Löcher und überprüfen Sie Ihre Strategie in der folgenden Privatrunde. Erweitern Sie nach und nach Ihre persönliche Birdiekarte und erkennen Sie, warum alle Professionals sehr viel Zeit auf die Erstellung und Ausarbeitung Ihrer Platzstrategie verwenden. Sollten sie der Meinung sein, für Ihren Heimatplatz auf dieses Hilfsmittel verzichten zu können, so beginnen Sie mit der Planung Ihrer drei schwächsten Löcher. Sollte dies eine Verbesserung des Scores mit sich bringen, und davon ist auszugehen, werden Sie sehr schnell auch die restlichen 15 Löcher strategisch planen.

2. Übung: Arbeiten Sie eine eigene Pre-Shot-Routine aus und befolgen Sie diese auf dem Platz und auf der Range.

Aus den vorangegangenen Kapiteln kennen Sie die Bedeutung der Pre-Shot-Routine. Die Einbettung des Schlages in ein immer gleiches Muster aus Denk- und Handlungsweisen verschafft Ihnen ein Gefühl der Sicherheit. Es entwickelt sich eine Eigendynamik, die Sie sicher zum Schlag geleitet. Negative und ablenkende Gedanken lassen sich so am einfachsten vermeiden. Beobachten Sie bei der nächsten Fernsehübertragung die Pre-Shot-Routinen der Spitzenpro's. Erkennen Sie Körperbewegungen (Anker) die diese Routine einleiten?

Überprüfen Sie anhand der Beschreibung der Pre-Shot-Routine im Buch (Kapitel vier, Seite 132 ff) Ihre eigene bisher unbewusst durchgeführte Routine. Überlegen Sie, welche Bereiche förderlich für einen konzentrierten Schlag sind und welche ihn eher stören. Wählen Sie die Teile meiner Empfehlung für die Pre-Shot-Routine aus, die Ihnen spontan einleuchten und hilfreich erscheinen und probieren Sie diese auf der Range und auf dem Platz aus. Seien Sie geduldig mit sich selbst und erwarten Sie nicht spontane Erfolge. Wie auch immer die letzten Sekunden vor Ihrem Schlag ausgesehen haben sollten, Ihr Körper und Ihr Unterbewusstsein wird die neuen Elemente als eine Art Fremdkörper empfinden. Körper und Geist haben die Angewohnheit sich gegen alles Fremde zur Wehr zu setzen. Nach einigen Wiederholungen sollte sich aber ein Gefühl des Erfolges einstellen – Sie werden merken, dass Sie, obwohl Sie sich noch auf den Ablauf Ihrer Routine konzentrieren müssen, auf dem richtigen Weg sind und sich die Momente vor dem Schlag leichter überbrücken lassen.

Wenn Sie an der Etablierung Ihrer eigenen Pre-Shot-Routine arbeiten, sollten Sie diese Routine bei mindestens jedem fünften Schlag auf der Range und bei jedem Schlag auf dem Platz durchlaufen. Beginnen Sie auf jeden Fall mit einer Position hinter dem Ball mit Blick zum Ziel (muss nicht die Fahne sein) und einem ruhigen, tiefen Ein- und Ausatmen.

Je konsequenter Sie an Ihrer Routine arbeiten, desto eher wird die anfängliche Unsicherheit einem Gefühl des Selbstvertrauens weichen.

3. Übung: Eigene Rundenanalyse

Die Rundenanalyse kann für einen Spieler sehr aufschlussreich sein. Füllen Sie von Zeit zu Zeit die unten abgedruckte

Scorekarte aus und die Zeiten der Ungewissheit über unrealistische Trainingsaufteilung und die eigenen Stärken und Schwächen sind vorbei.

Durch die Auswertung der Rundenaufzeichnung gewinnen Sie Anhaltspunkte über:

- □ den Anteil der verschiedenen Schlaggruppen an Ihrem Score (vergleichen Sie dies mit Ihrem eigenen Trainingsaufwand für diese Art von Schlägen).
- □ die Anzahl getroffener Fairways, Grüns, Bunker und gespielter Putts. Hier können Sie erkennen, ob zum Beispiel Ihre Anzahl gespielter Putts mehr als 50 Prozent Ihres Scores ausmacht. Ist dies der Fall sollten Sie schnellstens die verschiedenen Puttübungen durchführen
- □ die Veränderung der Anteile im Verlauf einer Saison. So können Sie die Effektivität Ihres Trainings überprüfen

Füllen Sie die Tabelle folgendermaßen aus:

- □ Spalte zwei und drei entnehmen Sie der Scorekarte Ihres Golfclubs.
- □ Spalte vier: füllen Sie hier Ihren Brutto-Score ein, also die tatsächlich gespielten Schläge.
- □ Spalte fünf: alle Schläge mit Hölzern und langen Eisen vom Tee.
- □ Spalte sechs: Markieren Sie mit einem Punkt oder einem Plus, wenn Sie das jeweilige Fairway getroffen haben. Dies gilt nur für die Par-vier- und Par-fünf-Löcher.
- □ Spalte sieben: Für jeden Schlag mit einem Holz (ab Holz drei bis sieben) oder einem langen Eisen (eins bis vier) machen Sie einen Strich.
- □ Spalte acht: Für jeden Schlag mit einem mittleren Eisen (fünf bis acht) machen Sie einen Strich.
- □ Spalte neun: Geben Sie sich für jedes Grün, dass Sie in regulärer Schlagzahl getroffen haben einen Punkt. Regulär bedeutet: Par drei mit dem ersten Schlag, Par vier mit dem

zweiten Schlag, Par fünf mit dem dritten Schlag. Spieler mit höherem Handicap können sich hier Schläge entsprechend der Vorgabenverteilung des jeweiligen Loches vorgeben. Die bedeutet, dass man an einem Loch, an dem man einen oder zwei Schläge vor hat, einen Schlag mehr benötigen darf. An einem Loch mit drei Schlägen sogar zwei Schläge.

- ☐ Spalte zehn: Jeweils einen Strich pro Schlag unter 100 Meter, dazu zählen auch Bunkerschläge, Pitchs, Chips und Putts vom Vorgrün.
- ☐ Spalte elf: Alle Putts auf dem Grün.

Loch	Par	Länge	Schläge	Drives	Fairway getroffen	Eisen / Holz lang	mittel	Grün getroffen	Schläge unter 100m	Putts
1										
2										
3										
4										
5										
6										
7										
8										
9										
1-9										
10										
11										
12										
13										
14										
15										
16										
17										
18										
10-18										
Summen 1-18:										

Übertragen Sie nun die Summen der einzelnen Schlaggruppen in die unten stehende Tabelle und teilen Sie diese Zahl durch Ihre Gesamtschlagzahl. So erhalten Sie den prozentualen Anteil aller Schlaggruppen. Diesen relativen Anteil der jeweiligen Schlaggruppe können Sie mit Ihrer Trainingsaufteilung vergleichen, um festzustellen, ob Sie einen Bereich zu intensiv trainieren und andere dafür vernachlässigen.

Schlaggruppen:	**Anzahl**	**%**
Drives (Hölzer und lange Eisen vom Tee):		
lange Eisen,Fairwayhölzer:		
Mittlere Eisen (fünf bis acht):		
Schläge unter 100 Meter (Pitch, Chip, Bunker):		
Putts (nur auf dem Grün):		
		100%

Die Addition der getroffenen Fairways und Grüns, sowie die Zahl der gespielten Putts ist hilfreich für langfristige Vergleiche mit zukünftigen Rundenanalysen.

4. Übung: Führen Sie ein Trainingstagebuch!

Nutzen Sie dieses gewinnbringende Instrument. Sie werden sich und Ihre Stärken sowie Schwächen in einem viel klarerem Licht sehen. Ihr Training lässt sich an diesen Ergebnissen hervorragend orientieren und es wird Sie dazu motivieren sinnvoll zu trainieren..

Bestimmen Sie, wie im Kapitel Trainingsplanung beschrieben, Ihre eigenen Prozentzahlen für die verschiedenen Schlaggruppen und vergleichen Sie diese mit Ihren derzeitigen Trainingsgewohnheiten.

Beobachtet man Golfer verschiedenster Spielstärken auf

dem Puttinggrün, so fällt eines besonders deutlich auf. In der Mehrzahl der Fälle werden drei Bälle zu einem Loch geputtet. Ohne jeden einzelnen Ball auszuputten wird ein neues Loch gesucht und erneut dreimal zu diesem Loch geputtet. Diese Standardübung hält sich hartnäckig auf allen Übungsgrüns. Vergleicht man diese Übung mit den Anforderungen, die das Spiel auf dem Platz an uns stellt oder die die moderne Trainingswissenschaft erarbeitet hat, muss sie in beiden Fällen als ungenügend bezeichnet werden. Bezüglich der Anforderungen des Spiels auf dem Platz ist zu sagen, dass man niemals drei Chancen hat und den Ball auch niemals dreimal hintereinander aus der gleichen Entfernung und Richtung auf das Loch putten wird. Anschließend geht man zur nächsten willkürlich gewählten Stelle und puttet wiederum dreimal.

Eine moderne Übung sollte zweierlei Kriterien gerecht werden. Zum einen sollte sie reale Spielsituationen nachbilden oder den Spieler auf solche Situationen vorbereiten. Zum anderen sollte Sie dem Spieler einen erkennbaren Zusammenhang zwischen seinem Handeln und dem Ergebnis seiner Handlung liefern (Feedback). Die folgenden Übungen sollen Ihnen helfen den wichtigen Teilbereich des Puttens systematisch zu trainieren. Neben der Nachbildung realer Spielsituationen geben Sie dem Spieler die Möglichkeit, Gefühl für Länge und Distanz zu entwickeln. Führt man diese Übungen regelmäßig aus, so kann man bereits im Moment des Treffens des Balls spüren, ob der Schlag gelungen ist oder nicht.

Führen Sie verschiedene Puttübungen durch:

☐ Üben Sie Längenputts aus verschiedenen festen Entfernungen von zum Beispiel 4, 6, 8, 10 und 12 Meter und führen Sie auch hierüber eine Statistik. Bei der Bewertung der Putts stellt die Anzahl der gelochten Putts keine sinnvolle Bezugsgröße dar. Ab einer Entfernung von zwei bis drei Meter sollten Sie sich nicht über einen vergebenen Putt ärgern. Verbuchen Sie jeden Putt als Erfolg, der in Ihrer 100-Prozent-Entfernung zur Ruhe kommt. Aus Ihrer 100-Prozent-Entfernung gelingt es Ihnen immer den Ball mit dem nächsten Schlag einzulochen. Probieren Sie es aus. Putten Sie fünf Bälle aus einer Distanz von 30 Zentimeter. Haben Sie alle gelocht, steigern Sie die Entfernung bei jeder neuen Runde um 10 Zentimeter. Um zu starker Enttäuschung vorzubeugen kann ich Ihnen versichern, dass eine 100-Prozent-Entfernung von einem Meter selbst bei Tourspielern kaum anzutreffen ist. Die Fortgeschritteneren Spieler sollten sich bemühen den Ball immer hinter dem Loch zum liegen kommen zu lassen, ganz entsprechend der Regel: »never up, never in«. Bei dieser Übung bereiten Sie sich optimal auf den ersten Putt vor, der Sie auf einem Grün erwartet.

Datum	4m		6m		8m		10m		12m	
	Putts	100%	Putts	100%	Putts	100%	Putts	100%	Putts	100%
18. April	5	3	5	3	8	4	6	2	4	0
20. April	10	5	5	4	10	3	6	1	5	0
28. April	8	6	5	3	8	4	6	2	6	1

Vermeiden Sie zu lange Übungseinheiten. Ihr Rücken wird es Ihnen danken, wenn Sie sich nach 15 Minuten eine Pause gönnen oder Ihre Puttübungen zweiteilen. Einen Teil vor der Driving-Range oder der Privatrunde und einen Teil danach. Wiederholen Sie die Puttübungen von Seite 167 ff.

5. Übung: Führen Sie regelmäßig Visualisierungsübungen durch!

Sollten Sie einmal keine Zeit haben auf der Driving-Range oder auf dem Platz an Ihrem Spiel zu arbeiten, können Sie trotzdem Ihre golferischen Fähigkeiten verbessern – auch außerhalb des Platzes. Insbesondere die in unseren Breitengraden oft lange Winterpause eignet sich hervorragend zum Start eines Visualisierungsprogramms.

Nutzen Sie täglich einige ruhige Minuten um Ihre Konzentrationsfähigkeit zu verbessern. Stellen Sie sich eine beliebige Situation auf dem Golfplatz vor: einen Putt, einen Drive oder einen Schlag durch die Bäume aus einem Wald. Nehmen Sie sich die Zeit, sich diese Situation mit all Ihren Details vorzustellen. Malen Sie sich die jeweilige Spielbahn in allen Facetten aus: Entwerfen Sie Bunker, Bäume, Wasserhindernisse und Grüns mit Breaks. Versuchen Sie so lange wie möglich mit all Ihren Gedanken in dieser Situation zu verweilen. Blenden Sie Ihr tatsächliches Umfeld aus und erleben Sie die von Ihnen erschaffene Situation. Mit einiger Übung sollten Sie es schaffen, Ihre Konzentrationsfähigkeit von anfangs einigen Sekunden auf eine Minute auszudehnen, ohne dass die Gedanken des täglichen Lebens Einzug halten.

Der Nutzen für Ihr Golfspiel liegt unmittelbar auf der Hand. Zum einen werden Sie es schaffen, auch auf dem Golfplatz störende Einflüsse von außen und von innen auszublenden. Sie führen nur den gerade zu spielenden Schlag aus, lassen sich dabei weder von Ihren Mitspielern, Zuschauern oder anderen Umweltfaktoren stören. Gleichzeitig lässt aber Ihr gesteigertes Konzentrationsvermögen auch keine Störungen von innen, wie zum Beispiel die Erinnerung an vergangenen schlechte Schläge oder die aktuelle Situation in einem Turnier, zu. Zum anderen erlaubt Ihnen Ihr Spiel mit den selbst erschaffenen Gegebenheiten und Situationen auch einen Vorteil bei der Auswahl der optimalen Schlagvariante (natürlich immer im Rahmen ihrer aktuellen technischen Möglichkeiten). Ihre geistige Variabilität verhindert es vorschnelle Entscheidungen zu treffen – Sie sind es gewohnt eine Situation von verschiedenen Seiten zu betrachten.

Im Folgenden sind einige Aufgaben formuliert, um Ihnen den Einstieg in diese Art der Konzentrationsübungen zu erleichtern. Stellen Sie sich folgende Situationen vor:

1. Sie stehen am Abschlag. Die vor Ihnen liegende Spielbahn ist ein leichtes Dogleg nach rechts mit zwei Bunkern auf der rechten Seite und einer Roughzone links. Stellen Sie sich vor wie Sie mit Ihren Holz abschlagen. Kontrollieren Sie, nachdem Sie diesen Schlag in Ihrer Vorstellung ausgeführt haben die Realitätsnähe der von Ihnen geschaffenen Situation: Haben Sie einen Slice, Hook, Draw oder Fade geschlagen. War die Flugkurve eher hoch oder eher flach. Wo war die Fahne auf dem Grün – haben Sie die Fahnenposition bei der Auswahl Ihrer Zielzone beachtet? War es windig oder windstill? Ist Ihnen der Schlag gelungen? Nachdem Sie diese Situation in Gedanken durchgespielt haben, versuchen Sie nun die Bahn so umzugestalten, dass Sie ein leichtes Dogleg nach links mit umgekehrter Hindernis- und Fahnenanordnung vorfinden. Gelingt es Ihnen, unter diesen sehr ähnlichen, aber spiegelverkehrten Bedingungen den richtigen Schlag zu visualisieren oder haben Sie Probleme, den Schlag aus dem ersten Teil der Aufgabe auszublenden? Sollte Ihnen das Hin- und Herschalten zwischen den verschiedenen Bahnformen noch Schwierigkeiten bereiten, helfen Sie Ihrer Vorstellungskraft mit einer kleinen Skizze auf die Beine. Zeichnen Sie die beiden verschiedenen Bahnen auf ein Blatt Papier. Betrachten Sie die jeweilige Bahn für einige Sekunden, schließen Sie dann die Augen und versuchen Sie das Bild zu erhalten oder noch weiter auszugestalten.

2. Sie haben Ihren Ball auf das Grün gespielt und befinden sich etwa vier Meter vom Loch entfernt. Das Grün fällt leicht zum Loch ab. Ein stärkerer Break von rechts nach

links ist zu erwarten. Spielen Sie in Gedanken den Putt. Haben Sie den Putt eingelocht? Wie schnell ist er ins Loch gelaufen? Hat jemand die Fahne bedient? Wie war die Graswuchsrichtung? Hat der Putt seine Geschwindigkeit geändert – ist er schneller oder langsamer geworden? Haben Sie etwa das Loch verfehlt? Wenn ja sollten Sie unbedingt bei Ihren nächsten gedanklichen Übungen an einem erfolgreichen Abschluss arbeiten. Denn Ihr Selbstvertrauen wird auch durch positive Erlebnisse in Ihrer Gedankenwelt gestärkt. Versuchen Sie nun einen Bergauf-Putt mit break nach rechts zu spielen. Haben Sie Schwierigkeiten damit, sich den Ball in Gedanken nun in einer sich verlangsamenden Geschwindigkeit und mit einer Rechtskurve vorzustellen?

3. Spielen Sie in Gedanken mit einem Spieler Ihrer Wahl einige Löcher auf einem Platz Ihrer Wahl. Spielen Sie zum Beispiel mit Tiger Woods die Löcher 15 und 16 und schlagen Sie Ihn durch ein Birdie an der 16.

4. Versuchen Sie sich Filmschauspieler oder andere Personen des öffentlichen Lebens vorzustellen. Rufen Sie sich ihre Gesichter, ihre Mimik und Gestik in Erinnerung und versuchen Sie in Gedanken von Gesicht zu Gesicht zu wandern. Bleiben die bereits abgearbeiteten Gesichter so sehr in Ihrer Erinnerung haften, dass Sie Schwierigkeiten haben zum nächsten Gesicht zu wechseln? Arbeiten Sie daran Ihre Gedanken zu kontrollieren. Gerade im Golf ist es sehr unangenehm, wenn vor wichtigen Schlägen ständig die bereits erlebten Fehlschläge aus vergangenen Runden in der Erinnerung aufblitzen.

6. Übung: Analysieren Sie Ihre technischen Leistungen niemals während der Runde.

Golf ist bei weitem nicht nur Technik und die Summe aller Schläge. Um einen Eindruck der nicht technischen Elemente einer Golfrunde zu gewinnen ist es vorteilhaft, sich regelmäßig nach der Runde über die folgenden Fragestellungen Gedanken zu machen. Lassen Sie sich von den folgenden Fragen dazu anregen, hinter die Kulissen zu blicken und sicherzustellen, dass Sie sich immer die Freude am Spiel bewahren.

Erwartungsdruck

Viele Spieler haben Probleme mit den Erwartungen, die sie an sich selbst stellen oder die von anderen an Sie herangetragen werden, umzugehen. Der Zusammenbruch unter diesem Erwartungsdruck erfolgt dann oft nach einem schlechten Schlag. Beobachten Sie sich in dieser Situation, in der Sie erkennen, dass die Runde nicht so verläuft wie Sie es erwartet haben. Nehmen Sie dies als gegeben hin, erkennen Sie, dass nicht jede Runde wie geplant verlaufen kann und dass es gute und schlechte Tage gibt. Geben Sie trotzdem weiterhin Ihr Bestes und belästigen Sie Ihre Mitspieler nicht mit Entschuldigungen und Begründungen, warum Ihr Spiel gerade heute nicht so läuft wie Sie und andere es gewohnt sind.

Konzentration

Wie gut hat Ihr »Konzentrationsmanagement« funktioniert? Ist es Ihnen gelungen zwischen Konzentrationsphasen und Entspannungsphasen zu unterscheiden? Konnten Sie sich entspannt mit Ihren Mitspielern unterhalten oder waren Sie nur mit sich selbst und Ihrem Score beschäftigt. Gelang es Ihnen in der Gegenwart zu bleiben? Oder waren Sie gedanklich ständig bei verpassten Chancen zurückliegender Löcher oder eventuell noch erzielbaren Punkten der noch kommenden Löcher? Haben Sie zeitweise die Geduld mit sich selbst verloren und deshalb überhastete Entscheidungen getroffen oder auf eine gewissenhafte Schlagvorbereitung verzichtet?

Motivation

Viele Spieler geben sich im Verlauf einer Runde selbst auf. Oft genügt ein schlechter Schlag oder ein verpatztes Loch, um die Flinte ins Korn zu werfen und zu resignieren. Entweder spielt man die letzten Löcher lustlos ohne sich anzustrengen oder man spielt jeden Schlag mit vollem Risiko um sich immer höhere Zahlen auf die Scorekarte eintragen zu dürfen. Prüfen Sie hier ob Sie sich immer wieder selbst motivieren können, wie sehr Sie sich durch einen schlechten Schlag aus dem Gleichgewicht bringen lassen und wie sehr Ihnen der erste Abschlag zu schaffen macht. Überprüfen Sie ebenfalls, ob Sie sich nur an zahlenmäßigen Ergebnissen orientieren, oder ob Sie auch in einer weniger guten Runde Dinge erkennen können, die Ihnen gut gelungen sind.

Emotionen

Waren Sie emotional ausgeglichen? Gelang es Ihnen insbesondere die schlechteren Schläge gedanklich zu quittieren und damit zu vergessen? Haben Sie sich mehr geärgert als gefreut? Wie lange hat es gedauert, emotionale Höhen oder Tiefen zu überwinden? Haben Sie sich nur an Ihren Schlägen erfreut oder hatten Sie auch positive Erlebnisse nicht-golferischer Art? Verlassen Sie den Golfplatz immer zufrieden und entspannt? Das sollten Sie, denn Sie verbringen hier ein Teil Ihrer Freizeit (und Ihres Lebens).

Weiterentwicklung

Halten Sie immer Augen und Ohren offen oder sind Sie einer der Menschen, die glauben bereits alles zu wissen und alles gesehen zu haben? Haben Sie Ihr Training, ihre Runde und das Beobachten Ihrer Mitspieler dazu genutzt etwas zu lernen? Haben Sie eine Rundenanalyse durchgeführt? Haben Sie Ihre Trainingszeiten neu gestaltet? Haben Sie Ihre Schlagroutine weiter verinnerlicht? Oder haben Sie alles so gemacht, wie sie es immer tun? Jeder Mensch kann von jedem anderen Menschen und aus jeder Situation etwas lernen – wenn er dies auch will.

7. Übung: Erkennen Sie Ihre eigenen Stärken und Schwächen!

Selbstanalyse ist keine einfache Aufgabe. Die Beschäftigung mit der eigenen Person fällt vielen von uns nicht immer ganz leicht. Wer beschäftigt sich schon gerne mit seinen Fehlern und Schwächen. Sich zu sehr mit seinen Erfolgen zu beschäftigen gilt in unserer Gesellschaft ebenfalls als nicht erstrebenswert. Für die persönliche Weiterentwicklung ist es aber von Vorteil von Zeit zu Zeit eine Bestandsaufnahme zu machen, um zu erkennen, was man fördern oder verändern sollte, um seine Ziel zu erreichen.

Nur wer sich selbst erkennt kann sich weiterentwickeln. Vertrauen Sie nicht ausschließlich auf Ihre subjektive Empfindung bezüglich Ihres Spiels. Stellen Sie Ihre Eindrücke auf die Probe, um keiner Fehleinschätzung und den damit verbundenen negativen Konsequenzen zu unterliegen. Beziehen Sie Ihre Stärken und Schwächen auch in Ihre Rundenstrategie ein.

Führen Sie diese Analyse zweimal in Jahr durch. Sie können durch diesen zeitlichen Vergleich Veränderungen erkennen und die neu gewonnen Erkenntnisse in Ihre Trainings- und Rundenplanung einbeziehen.

Schlagtechnik:	**Note**
Wie gut beherrschen Sie Driver und Fairwayhölzer?	
Wie gut beherrschen Sie lange Eisen?	
Wie gut beherrschen Sie mittlere Eisen?	
Wie gut beherrschen Sie kurze Eisen?	
Wie gut beherrschen Sie Wedges?	
Wie gut können Sie Putten?	
Und Chippen?	
Wie gut gelingen Spezialschläge?	
Wie sicher spielen Sie aus ungewöhnlichen Lagen?	
Wie präzise sind Ihre Annäherung aus unter 100 Meter Entfernung?	
Trainingsstrategie:	
Wie solide ist Ihre Rundenvorbereitung?	
Wie erfolgt Ihre Trainingsaufteilung:	
Entsprechend Ihrer Stärken und Schwächen?	
Entsprechend der Anforderungen des Platzes?	
Entsprechend der Bedeutung der einzelnen Schläge?	
Entsprechend Ihrer persönlich geführten Statistik?	
Mentale Stärke und Platzstrategie:	
Wie groß ist Ihr Selbstvertrauen?	
Wie sehr liegt Ihnen der erste Abschlag?	
Wie gut kommen Sie mit fremden Spielpartnern aus?	
Wie gezielt bereiten Sie sich auf Turniere vor?	
Machen Sie sich regelmäßig Gedanken zu Ihrer Platzstrategie?	
Machen Sie Übungen im mentalen Bereich (Visualisierungs- oder Entspannungsübungen)?	
Wie ausgereift ist Ihre Schlagvorbereitungsroutine?	
Wie klar können Sie Ihre golferischen Ziele beschreiben?	
Wie gut können Sie zwischen Phasen der Konzentration und Erholung auf dem Platz hin und her wechseln?	

Generelle Fitness:	**Note**
Machen Sie regelmäßig Dehnübungen?	
Versuchen Sie Ihre generelle Fitness durch Joggen, Walken,	
Radfahren oder Schwimmen zu verbessern?	
Fühlen Sie sich am 14. Loch genauso frisch wie zu Beginn?	
Gesamtsumme:	
Durchschnitt (Summe dividiert durch 27)	

8. Übung: Verstärken Sie Ihr Gefühl für Ihren Körper und Ihren Golfschwung.

Bewegen Sie Ihren Putter, ohne einen Ball zu schlagen in der gewohnten Weise. Versuchen Sie zu fühlen, wie sie ihn bewegen, welche Muskeln beansprucht werden. Bitten Sie einen Freund die Schlagfläche in dem Moment zu beobachten, in dem Sie den Punkt passiert, an dem normalerweise der Ball liegt. Putten Sie nun mit geschlossenen Augen und beurteilen Sie ob die Schlagfläche offen, square oder geschlossen war. Vergleichen Sie Ihre Empfindungen mit den Beobachtungen Ihres Freundes. Nehmen Sie solange kleinsteKkorrekturen vor, bis die Schlagfläche square bleibt.

Schlagen Sie auch ab und zu einige kürzere Schläge wie Chips und Pitchs mit geschlossenen Augen. Versuchen Sie unser dominantes Wahrnehmungsorgan Auge zu überlisten. Fühlen Sie den Schwung und beurteilen Sie den Schlag bevor Sie die Augen wieder öffnen. Können Sie fühlen was gute Schläge zu guten Schlägen macht? Können Sie nach dem Treffen des Balls einen guten von einem schlechten Schlag unterscheiden ohne das Ergebnis mit Ihren Augen zu sehen?

9. Übung: Notieren Sie sich regelmäßig Ihre Erfolge

Leider tendieren viele Menschen und auch viele Golfer dazu, sich mehr an ihre Schwächen zu klammern und diese regelmäßig in Gedanken und in Gesprächen zu wiederholen.

Rufen Sie sich die Ausführungen bezüglich der Trampelpfade ins Gedächtnis und versäumen Sie keine Chance, die positiven Pfade zu verbreitern.

Notieren Sie sich regelmäßig gute Drives, gute Annäherungen und gelochte Putts. Notieren Sie sich Ihre Runden mit hohen Punktzahlen oder niedrigen Scores auf einem Blatt Papier. Schreiben Sie in einigen wenigen Stichworten oder Sätzen nieder, wie Sie sich während des guten Schlages oder der erfolgreichen Runde gefühlt haben. Versuchen Sie vor einem wichtigen Schlag dieses Gefühl erneut zu erleben. Erleichtert dies Ihren Schlag?

Ich habe in unserem Wohnzimmer eine Schale aufgestellt, in der ich die Bälle sammle, mit denen ich Runden spielte, die zu einer Handicapverbesserung führten oder mit denen ich ein Turnier gewonnen habe. Von Zeit zu Zeit nehme ich einen dieser Bälle in die Hand und erinnere mich an die positiv verlaufene Runde. Im Vorfeld eines wichtigen Turniers betrachte ich diese Bälle etwas häufiger als sonst und stelle mir vor, wie ich meiner Sammlung am Sonntagabend einen weiteren Ball hinzufügen werde.

Glossar

Birdie	Spielergebnis an einem Loch mit einem Schlag unter Par.
Bogey	Spielergebnis an einem Loch mit einem Schlag über Par.
Break	Ein durch ein gewelltes oder schräg verlaufendes Grün gespielter Putt, der nicht gerade läuft, sondern eine Rechts- oder Linkskurve beschreibt.
Chip	Flacher Annäherungsschlag, der lange ausrollt.
Divot	Während des Schlags herausgeschlagenes Grasstück.
Dogleg	Gekrümmte Spielbahn mit der Form eines »Hundebeins«, d.h. man kann vom Abschlag die Fahne nicht sehen und kann in der Regel erst ab dem zweiten Schlag in Richtung Loch spielen.
Doppelbogey	Spielergebnis an einem Loch mit zwei Schlägen über Par.
Draw	Flugbahn mit leichter rechts-links Kurve, landet im Ziel.
Fade	Flugbahn mit leichter links-rechts Kurve, landet im Ziel.
Fairwayholz	Hölzer 3-9.
Follow-through	Weiterführen des Schlägers nach dem Treffmoment. Oft beobachtet man Spieler, die nur den Ball schlagen und den Schwung im Treffmoment abrupt abbremsen – obwohl der Ball schon getroffen wurde hat dieses plötzliche Abbremsen des Schwungs einen Einfluss auf den Schlag, da das Abbremsen bereits vor dem eigentlichen Treffen des Balles eingeleitet wird.
Gimmie	Ein wenige Zentimeter langer Putt, den man i.d.R. nicht vorbeiputten kann und daher in Privatrunden oder bei Lochspiel-Wettbewerben gerne geschenkt wird.
Grooves	Rillen auf dem Schlägerblatt, die dem Ball den Rückwärtsdrall verleihen, der einerseits die Flugbahn stabilisiert, andererseits den Ball auf dem Grün schnell zum stoppen bringt.
Hook	Flugbahn mit starker rechts-links Kurve.
Netto-Par	Ein Par gibt die Anzahl der für ein Loch zur Verfügung stehenden Schläge an. Dabei sind für das Grün immer zwei Schläge reserviert. Die restlichen Schläge entfallen auf den Bereich zwischen Abschlag und Grün. Beim Par 3 al-

	so noch ein Schlag, beim Par 4 zwei und beim Par fünf drei Schläge vom Tee zum Grün. Beim Netto Par kommen zu diesen auf den Abschlagtafeln vermerkten Schlagzahlen noch die entsprechenden dem persönlichen Handicap zu verteilenden Schläge hinzu. Haben Sie Handicap 18 erhalten Sie pro Loch einen weiteren Schlag. Bei Handicap 36 sind es zwei und bei Handicap 54 drei.
Ondulierungen	Wellenartige Oberfläche des Grüns. Hierdurch wird erreicht, das die Putts nicht immer gerade gespielt werden können.
Out-of-bounce	Der Bereich, der nicht mehr zum Platz bzw. der jeweiligen Spielbahn gehört und durch weiße Pfähle markiert ist. Wird das out-of-bounce getroffen, so muss der Spieler den Schlag von gleicher Stelle wiederholen und sich einen Strafschlag notieren.
Par	Vorgeschriebene Schlagzahl, in der man das Loch erreicht haben muss. Diese Schlagzahl ist abhängig von der Länge der Spielbahn und dem Schwierigkeitsgrad.
Pinpositions	Eine durch das Sekretariat oder die Spielleitung veröffentlichte Positionsangabe der aktuellen Fahnenpositionen eines jeden Grüns.
Pitch	Hoher Annäherungsschlag, der schnell stoppt.
Pre-Shot-Routine	Besondere Form der Vorbereitung unmittelbar vor dem Schlag.
Recoveryschlag	Rettungsschlag, der den Ball wieder aus dem Wald oder einem Hindernis zurück ins Spiel bringt. Um von einem echten Recoveryschlag zu sprechen, muss in der Regel durch diesen Schlag der vorangegangene Fehler weitestgehend wieder ausgeglichen werden.
Semirough	Die Zone zwischen Fairway und Rough, die zwar regelmäßig gemäht wird, aber längere Grashalmlänge aufweist.
Slice	Flugbahn mit starker links-rechts Kurve.
Socket	Schlag, der teilweise mit dem Bereich des Schlägerkopfes getroffen wird, in den der Schaf einmündet. Ein in dieser Form getroffener Ball zeichnet sich durch eine flache Flugkurve auf, die den Ball weit nach rechts befördert.
Square	Rechtwinklige Position des Schlägerkopfs zur gedachten Ball – Ziellinie.

Stableford	Eine Spielform, bei der man für eine bestimmte Schlagzahl an einem Loch Punkte erhält. Für ein Netto-Par 2 Punkte, für jeden Schlag darunter oder darüber einen Punkt mehr oder weniger. Hat man alle Löcher in seinem Netto Par gespielt erhält man 36 Punkte und hat damit sein Handicap bestätigt.
Tigerline	Ein über ein oder knapp an einem Hindernis (z.B. Wasser oder Wald) vorbei gespielter Schlag, der z.B. ein Dogleg abkürzt und dem Spieler einige Längenvorteile bringen kann. Gelingt der Schlag nicht ist der Ball oft verloren oder zumindest schwer zu spielen.
Tripplebogey	Spielergebnis an einem Loch mit drei Schlägen über Par.
Waggle	Kurzes Hin- und Herbewegen des Schlägern unmittelbar vor dem Schlag. Dies dient zur Muskellockerung und soll den Übergang zwischen dem Verharren in einer starren Position und der Bewegung während des Golfschwungs erleichtern.
Zählspiel	Eine Spielform, bei der man alle Schläge, die man vom 1. Abschlag biz zum 18. Loch benötigt zusammenzählt. Dazu gehören auch alle eventuellen Strafschläge.

Danksagung

Der Weg von der ersten Idee, ein Buch über Golf zu schreiben bis zu diesen letzten Zeilen ist lang und man sollte ihn nicht alleine beschreiten. Einen besonderen Dank möchte ich meiner Frau Sandra aussprechen, die das Entstehen dieses Buchs unterstützt und zu jederzeit gefördert hat. Ich danke ihr für einen ständigen Gedankenaustausch, für ihre Anregungen und ihre Kritik.
Wesentliche Unterstützung habe ich auch von meiner Schwester Anja Jungmann, die selbst Diplom-Golflehrerin ist, und von meinem ehemaligen Schullehrer Winfried Müller erhalten. Sie unterzogen das in seinen Grundzügen bereits fertige Buch einem wichtigen Praxistest – aus der Sicht eines Golflehrers und eines golfbegeisterten Amateurs.
Auch meinen Eltern, die die erste Verbindung zu diesem faszinierenden Sport herstellten und seine Ausübung immer gefördert haben, möchte ich an dieser Stelle danken.